작고 여린 듯 보이는 연한 녹색의 팥배나무 열매는 아직 설익어 부족한 듯하지만, 언젠가는 붉게 물들기 위한 준비 과정의 팥배나무 모습에서 성장하고 있는 학생들의 멋진 모습을 보며 쓴 '점희쌤의 꽃 이야기'

점희쌤의 "꽃이야기"

점희쌤의
"꽃이야기"

발　　행	2025년 8월 31일
지 은 이	박점희
펴 낸 이	김록환
기　　획	김태현
디 자 인	에이앤에프커뮤니케이션(주)
펴 낸 곳	다사랑책방
출판등록	제2024 - 000038호
전자우편	workjob@hanmail.net

값 18,000원

ⓒ 박점희 2025 Printed in Korea

이 책은 저작권법에 따라 보호를 받는 저작물이므로 무단 전재와 무단 복제를 금지하며, 이 책 내용의 전부 또는 일부를 이용하려면 반드시 저작권자와 다사랑책방의 서면동의를 받아야 합니다.
잘못된 책은 바꾸어 드립니다.

ISBN 979-11-987352-2-5(03800)

* 이 도서는 국립중앙도서관 ISBN·ISSN·납본시스템 홈페이지(https://www.nl.go.kr/seoji/)에서 ISBN을 신청하여 받았습니다.
* 다사랑책방은 독자 여러분의 책에 대한 원고 투고를 기다리고 있습니다. 책 출간을 원하신 분은 이메일 workjob@hanmail.net으로 연락주시면 감사하겠습니다.

다양한 문화를 사랑하는
다사랑책방

CONTENTS

프롤로그1, 2 · 10

1부 | 인왕산 산책길에 만난 꽃과 나무들

1장 인왕산을 산책하며 · 16
1.1 인왕산 꽃과 나무를 이루는 식물의 4개 기관 · 17
1.2 인왕산 · 18
1.3 인왕산 인왕사 · 20
1.4 인왕산 성곽길 · 23
1.5 치마바위와 기차바위 · 26
1.6 윤동주 시인 언덕의 구절초 · 27
1.7 우리 역사와 함께한 나무, 인왕산 소나무 숲에서 · 28

2장 봄, 꽃이 피어나는 계절 · 30
2.1 인왕산에 먼저 피는 꽃, 산수유 · 32
2.2 봄의 전령사 인왕산 성곽길 개나리 · 33
2.3 봄의 색을 더하는 진달래와 철쭉 · 34
2.4 흩날리는 꽃잎의 향연, 벚꽃과 조팝나무 · 36
2.5 하얀 꽃송이와 향기로운 꽃내음, 아까시나무 · 38
2.6 종 모양의 꽃들이 가지마다 주렁주렁 달린 때죽나무 · 39
2.7 은은한 향기로 봄을 마무리하는 찔레꽃 · 40

2.8 수줍은 흰 꽃 사이로 붉은 열매, 산딸기 · 40
2.9 봄의 대지 위에 수놓은 연분홍 속삭임, 꽃잔디 · 41
2.10 발끝을 따라 노란빛이 번져오는 금계국 · 42
2.11 잎과 줄기에서 나오는 노란 진액, 애기똥풀 · 43
2.12 성벽의 조명 빛에 빛나는 꽃마리 · 44
2.13 인왕산 초소 책방 바위에 핀 마가렛 · 45
2.14 소나무 숲으로 가는 길목에 핀 산딸나무 · 46
2.15 인왕산 성곽 아래, 병 모양을 닮은 병꽃나무 · 47
2.16 인왕산의 두 봄, 벚꽃과 산벚꽃의 대화 · 48
2.17 목련꽃 그늘아래서 · 50
2.18 인왕산 바람결 따라 서서히 피어나는 모란 · 51

3장 여름, 푸르름이 더해가는 시간 · 52

3.1 선바위에 핀 참나리꽃 · 53
3.2 성곽 문을 지키는 꽃, 인왕산 접시꽃 · 54
3.3 활짝 웃고 있는 개망초 · 55
3.4 희망의 연보라색 꽃 벌개미취 · 57
3.5 성곽 바깥길에 선명하게 피어난 주황과 노란 숨결의 금잔화 · 58
3.6 여름의 문턱에서 피어난 인왕산의 백합과 비비추 · 59
3.7 산에 가야 맛을 볼 수 있는 벚나무의 열매(버찌) · 60
3.8 해골바위 아래, 조용히 피는 하얀 숨결의 팥배나무 · 62
3.9 여름부터 익어가는 딱총나무 · 64
3.10 여름 햇살에 탐스러운 열매 맺는 복숭아 · 65
3.11 인왕산의 숨결 위에 피어난 흰 꽃, 쉬땅나무 · 66
3.12 밤에 피어 은은한 빛을 발하는 달맞이꽃 · 67
3.13 노란 즙의 애기똥풀 · 68
3.14 인왕산 선바위 가는 길, 소나무 군락지 · 69

4장 가을, 단풍과 열매의 계절 · 71

4.1 인왕산 산책길에서, 붉게 물든 단풍나무 · 73
4.2 붉은 감이 주렁주렁, 가을빛 물든 인왕산 감나무 · 75
4.3 인왕정 가는 길, 붉게 익어가는 산딸나무 열매 · 76
4.4 가을에 걷는 인왕산 성곽길 코스모스 길 · 77
4.5 두 계절의 약속, 9월 중순에 열매가 익는 덜꿩나무 · 78
4.6 붉은 열매 가득, 인왕산의 가을 팥배나무 · 79
4.7 작고 조용한 결실, 인왕산의 열매 싸리나무 · 80
4.8 녹색 잎과 붉은 열매, 인왕산 남천의 가을 · 81
4.9 인왕정 주변의 옻나무 · 83
4.10 성곽길 바닥에 내려앉은 노란 숨결, 금잔화 · 84
4.11 인왕산 자락의 야생 국화 · 85
4.12 10월 하순 인왕산의 사루비아 · 87

5장 겨울, 나무들이 쉬어가는 계절 · 88

5.1 인왕산의 겨울을 지키는 소나무 · 89
5.2 눈 속에서도 피어나는 동백꽃 · 91

2부 | 인왕산 수성동계곡과 성곽 아래 텃밭

6장. 인왕산 수성동계곡에서 만난 꽃과 나무 · 96

6.1 수성동계곡에서 바라보는 인왕산 치마바위와 진경산수화 · 97
6.2 수성동계곡에 핀 겹황매화 · 99
6.3 염주가 생각나는 모감주나무 · 100
6.4 누리장나무의 하얀 숨결 · 102
6.5 화려하지 않은 가죽나무 · 103

6.6 딸기가 생각나는 산딸나무 · 104

6.7 사과를 닮은 산사나무 · 105

6.8 부부 금실이 좋은 나무, 자귀나무 · 106

6.9 다람쥐가 좋아하는 상수리나무 · 107

6.10 빗자루 · 소쿠리 등 생활 도구 싸리나무 · 108

6.11 옻 탔다 · 옻에 올랐다 주인공 옻나무 · 110

6.12 비해당 정자의 복숭아나무 · 111

6.13 붉은 색채의 풍성한 꽃잎을 넓게 펼쳤던 작약 · 112

6.14 수성동의 조용한 울림, 소사나무 · 113

6.15 비해당에서 바라본 버드나무 · 114

6.16 누가바가 생각나는 갈색의 부들 · 116

6.17 노란빛을 띤 녹색 꽃의 굴피나무 · 117

7장 텃밭 가꾸며 배우는 자연의 지혜와 교훈 · 118

7.1 인왕산 성곽 아래 도시 텃밭 · 118

7.2 호박이 넝쿨째 벽을 타고 오르는 모습 · 119

7.3 인왕산 텃밭에서 키운 토마토, 고추, 상추, 깻잎 이야기 · 120

3부 | 과학 교사로 40년 이상 교직 생활

8장 들꽃쌤의 교직 생활 · 124

9장 학생들의 꽃 편지와 학교 교정에 핀 꽃 · 133

9.1 과학을 좋아하는 학생이 방학 중 보내온 꽃 편지 · 134

9.2 당산서중 근무 당시 제자가 보내준 꽃 편지 · 137

9.3 순천여자중학교 제자가 방학 중 보낸 꽃 편지 · 140

9.4 더운 여름날 연수 중인 선생님을 응원하는 꽃 편지 · 142

9.5 밤하늘에 반짝이는 별들을 보며 선생님이 그리워 쓴 꽃 편지 · 144
9.6 아직도 젊으신 박점희 선생님께! · 146
9.7 순천여중 졸업생이 당산서중학교로 보내온 꽃 편지 · 147
9.8 스승의 날 받은 꽃 편지 · 149
9.9 1학년 겨울방학 중 받은 꽃 편지 · 151
9.10 선생님! 정말 사랑해요 · 153
9.11 어떻게 하면 과학을 즐기면서 공부를 잘할 수 있을까요? · 154
9.12 창덕여중에서 제자의 크리스마스 꽃 편지 · 156
9.13 영남중학교에서 담임을 맡을 때 학생의 꽃 편지 · 157
9.14 여름방학 1급 정교사 연수 중 받은 편지 · 158
9.15 '어서 빨리 나아, 선생님의 은혜에 보답하는 제자가 되어야지' · 160
9.16 2학년 때도 과학을 선생님께 또 배우고 싶어요 · 163
9.17 선린중학교 학생의 아름다운 꽃 편지_1학기 수업을 마치는 날 · 164
9.18 과학을 좋아하는 학생들의 꽃 편지 모음 · 166

4부 | 꽃과 꽃 그림

10장 내가 소장한 꽃 그림 · 178

10.1 해바라기 · 179
10.2 모란 · 179
10.3 장미 · 180
10.4 들꽃 · 181
10.5 진달래 · 182
10.6 장미 · 182
10.7 맨드라미 · 183
10.8 동백꽃 · 184

10.9 해바라기 · 185
10.10 장미 · 185
10.11 맨드라미 · 186
10.12 소나무 · 187
10.13 감나무 · 188
10.14 석류 · 189

11장 삶이 꽃이라면 · 191

에필로그 · 194

프롤로그1

우리 꽃 소개로 수업을 시작할 때
학생들의 초롱초롱한 눈망울과 밝고 힘찬 모습을 생각하며

오늘도 나는 학교에 출근하는 것이 즐겁습니다. 그 이유는 학교에 가면 학생들을 만날 수 있기 때문입니다.

멀리서 '점희쌤' 하며 학생들이 부르는 모습에 신이 납니다. 이런 생활이 어느새 40년이라는 시간이 훌쩍 지나 이제는 학교와 학생들을 떠나야 할 때가 되었습니다.

오늘도 인왕산 둘레길을 걸으며 지난날들이 주마등처럼 스쳐 지나갑니다. 흐드러진 벚꽃과 노란 개나리, 분홍빛 진달래꽃이 만발한 산책길에서 아이들의 눈망울이 떠오릅니다.

바람 한 줄기가 지나고 작고 여린 듯 보이는 연한 녹색의 팥배나무 열매는 붉게 물들기 위해 지금은 연둣빛의 시간을 품고 있었고, 아직은 덜 익은 미완성이지만 언젠가는 붉게 물들기 위한 준비 과정의 팥배나무 모습에서 학생들의 멋진 모습을 보았습니다. 초여름의 팥배나무 열매를 보면서 지금 성장하고 있는 우리 학생들의 모습들, 아직은 익지는 않았어도 그 자체로 충분하고 생기발랄한 아름다움을 매일의 수업 시간에 만나고 있습니다.

'점희쌤의 꽃 이야기'는 인왕산 산책길에 만난 꽃과 나무들의 이야기와 40년 이상 교직 생활을 마무리하면서 그동안 근무했던 학교와 제자들을 생각하며 쓴 글입니다.

학생들과 함께한 순간들이 교사로서 자긍심을 느끼며 살아왔던 소중한 시간이 나에게는 잊지 못할 아름다운 추억으로 기억됩니다.

특히 수업 체조와 우리 꽃 소개로 수업을 시작할 때 학생들의 초롱초롱한 눈망울과 밝고 힘찬 모습을 보며 교사로서 가장 보람되고 행복했던 가슴 벅찬 순간들이었습니다.

이제 교사로서 소임을 다했다는 마음에 오랜 시간 살아왔던 집 근처 인왕산 산책길에서 만난 꽃과 나무들과의 교감과 인연, 과학 교사로서 학생들과 생활해 온 이야기를 '점희쌤의 꽃 이야기'라는 책으로 인사를 대신하고자 합니다.

끝으로 1985년 교사로 임용되어 2025년 현재까지 아무 탈 없이 학생들과 행복한 시간을 함께할 수 있게 도와주신 모든 분께 다시 한번 감사의 인사를 드립니다.

선린중학교 과학교사 **박점희 드림**

프롤로그2

<점희쌤의 "꽃 이야기" -인왕산 산책길에 만난 꽃과 나무들->
이 책을 준비하면서

40년 이상 교직 생활을 마무리하며 회상해 보니 이제는 학교에서 학생들을 만날 수 없다는 사실이 가장 아쉽습니다.

아마도 학교를 떠나면 보고싶은 학생들이 많이 생각날 것 같습니다. 오늘도 학생들이 "점희쌤"하고 부르며 달려오는 모습이 떠오릅니다.

초임 발령지 보성 회천중에서 여름방학을 맞아 학생들과 보성 녹차밭 체험학습 중 작은 계곡의 뽀얗게 피어오르는 물안개를 보며 멋진 풍광에 형언할 수 없는 기쁨과 호젓한 삼나무 숲길을 걷는 동안 감동의 순간이 잊을 수 없는 멋진 추억으로 다가옵니다.

과학 시간 실험 수업에서 학생들과 함께했던 다양한 실험들, 영재학교 수업 시간에 개구리를 해부하기 위해 준비하고 있는데 마취된 개구리가 깨어나 창밖으로 훌쩍 뛰쳐나가서 한바탕 소동이 일어난 사건, 붕어·소의 눈·돼지 심장 등 해부를 통해 학생들이 생명의 신비를 깨닫는 순간들이 생생하게 떠오릅니다.

학교 생활하면서 수업 후 방과 후 연수뿐만 아니라 방학 중 장기적인 연수도 적극적으로 참여하며, 학교 현장에 도움이 되는 수업 방법을 적용하기 위해 방과 후 방학을 이용하여 열심히 연수를 듣던 열정과 서울대학교 파견 연수, 대학원 과정, 방학 중 미국 미시건대학교에서 교육 연수 등 배우는 기회가 많았습니다. 연수 끝날 즈음 가보았던 나이아가라 폭포와 슈퍼리어호, 시카고대학 등이 기억에 남습니다. 이러한 연수 참여가 학생들을 가르치고 지도하는데 많은 도움이 되었고, 부단히 연구했던 수많은 시간이 소중하게 기억됩니다.

바다가 보이는 시골 학교에서 새내기 교사로 교직 생활, 학교 운동장에서 학생들과 신나게 운동하며 웃던 시간, 늦은 밤까지 과학실험 경진대회 참가 학생들 실험 지도하던 시간, 창덕여중 학생들과 서울시에서 개최하는 '청계광장 다문화 축제'에 참가하기 위해 다문화합창단과 함께 방학 동안 열심히 연습하던 시간, 태국 물의 축제인 '쏭크란 축제'에 합창단 일원으로 학생들과 함께 참여하여 봉사 활동한 수많은 시간이 의미 있게 다가옵니다.

중부교육지원청의 과학영재교육원과 과학중심학교 운영팀장 등 10년의 세월 동안 주말 시간도 출근하여 영재 학생 지도에 전념한 시간이 기억에 남습니다.

지나간 모든 시간을 되돌아보니 감회가 새롭습니다. 교직 생활 동안 함께한 모든 학생과 모든 선생님께 감사의 마음을 전합니다.

끝으로 '점희쌤의 꽃이야기'가 나오기까지 응원해 주신 어머니와 항상 믿고 지지해 준 용봉 가족들, 출판을 도와주신 에이앤에프커뮤니케이션 김진길 대표님, 다사랑책방 대표님 등 모든 분께 감사의 마음을 전합니다.

인왕산은 도심 한가운데 위치하면서 사계절 꽃과 나무가 어우러진 자연의 정원 같은 편안한 느낌이다. 서울성곽과 계절마다 피는 꽃들이 서로 다르기에 꽃이 피는 시기에 맞추어 인왕산 걷는 길을 다르게 걷다 보면 의미 있는 둘레길 산책과 생각하는 시간을 가질 수 있어서 더욱 좋다.

서울 종로구 인왕산, 사시사철 피어나는 꽃과 나무를 산책길에서 만나는 반가운 친구들, 봄·여름·가을·겨울로 바꾸어 산책하는 맛이 달라서 평소 편한 마음으로 직접 찍어 담아 놓은 것을 정리하여 봄·여름·가을·겨울 등으로 나누어 소개한다.

"추운 겨울을 지내고 난 후 봄에 핀 꽃과 나무를 핸드폰에 담으면서, 추운 겨울을 이겨내 인왕산을 산책하는 많은 사람들에게 꿈과 희망을 보여줄 꽃과 나무에 감사하는 마음을 쓰고 싶었다.

옛말에 "겨울을 지내야 봄 그리운 줄 안다고 했듯이, 겨울을 지내보지 않고서 봄을 그리워하기란 쉽지 않다"라고 하였다. 매번 반복되는 인왕산의 사계이지만, 이제라도 책으로 정리할 수 있어서 기쁘다.

인왕산에 다양하게 피는 개나리·벚꽃·진달래·매화·동백·나팔꽃·접시꽃 등이 계절마다 아름다운 자태를 드러내며 피어나고 있어 이를 기쁜 마음으로 표현해 보았다.

매번 반복되는 인왕산의 사계이지만 예쁜 꽃과 나무를 바라보는 사람의 마음에 따라 아름다움을 느끼는 정도도 다르므로, 각자의 마음속에 아름다운 예쁜 꽃들이 많이 피어나길 기대해 본다.

1부
인왕산 산책길에 만난 꽃과 나무들

1장
인왕산을 산책하며 🌸

인왕산 산책길을 걸으며 만난 사계절에서 자연의 흐름을 배우다.

40년 이상을 과학 교사로, 교육자로서의 길을 돌아보면 꽃과 나무 등 자연에서 얻은 아름다움이 교육적 가치로 승화하여 이를 학생들에게 그대로 전달하고 있는 나의 모습을 보게 된다.

자연은 우리가 살아가는 삶의 의미를 이해하고 성장하는 데 중요한 자양분이 되고 있다.

인왕산 산책길에서 만난 꽃과 나무들은 그저 스쳐 지나가는 것이 아닌 이 아름다운 꽃과 나무들을 어떻게 수업 시간에 활용할까 하는 마음으로 다양한 모습의 꽃 사진을 찍고 자세히 관찰한 후 파일로 저장하여 수업 시작 전 학습자료로 활용한다.

수업 시작 전 수업 체조와 직접 찍은 꽃 사진을 보여주는 시간은 학생들의 초롱초롱한 눈망울과 웃음꽃이 피어나는 가장 행복하고 활기찬 시간이다.

이런 분위기로 발표수업이 시작된다. 학생들이 PPT 자료를 제작하여 자기 주도적으로 발표하고 묻고 답하는 생동감 넘치는 즐거운 수업 시간이 진행된다.

수십 년 동안 진행해 온 학생들이 직접 참여하는 발표수업은 학습 효과 면에서 학생들에게 긍정적인 반응과 효과를 보였다.

1.1 인왕산 꽃과 나무를 이루는 식물의 4개 기관

우리는 인왕산 산책길을 걷다 보면 수많은 꽃과 나무들을 보게 된다.

자녀들이 청운초에 다닐 때 우리 집 뒷동산인 인왕산 산책길을 걸을 때 딸이 꽃과 나무에 대하여 궁금하다며 자세하게 설명해 달라고 하였다. 그때 우리 아이들에게 식물의 기본 구조(잎, 줄기, 뿌리, 꽃)에 이야기처럼 들려주었다.

식물은 크게 4개의 기관으로 이루어진다.
양분을 만들고 이동시키는 영양기관인 잎, 줄기, 뿌리 그리고 번식을 담당하는 생식기관인 꽃(열매·종자)으로 구분한다.

첫 번째 기관인 뿌리는 물과 양분의 흡수와 저장을 담당하면서 호흡하고 식물체를 땅속에 고정하여 지탱하는 역할을 한다.

두 번째 기관인 줄기는 물과 양분의 이동과 저장을 담당하면서 호흡하고 식물체가 똑바로 설 수 있도록 지지하는 역할을 한다.

세 번째 기관인 잎은 광합성으로 양분을 생산하고 증산작용을 하면서 수분과 온도조절, 호흡작용이 일어나도록 역할을 한다.

네 번째 기관인 꽃은 수분과 수정을 통해 열매를 맺는 역할을 한다. 꽃이 핀 후 열매를 맺고 열매 속의 종자로 번식하여 새로운 개체로 성장시키는 역할을 한다.

주말이면 가족들이 들과 산으로 나들이를 자주 다녔다. 산책길에 피어있는 아름다운 꽃과 나무들에 대해 자연스레 알려주게 되었다. 어릴 때는 관심도 없고 귀찮아하더니 언제부터는 궁금해하고 질문도 하며 꽃 사진도 찍게 되었다.

* 다음은 인왕산의 대표적인 공간 중에서, 꽃과 나무와 함께 소개해 주고 싶은 장소를 자세하게 설명하고자 한다.

1.2 인왕산

인왕산에 오르다 보면 세종대왕과 인왕산이라는 이정표를 보면 인왕산을 다음과 같이 소개해 놓았다.

인왕산은 광화문 경복궁의 서쪽에 있어서 서쪽에 있는 산이라고 하여 서산이라고 불리다가, 고려시대에 인왕사라는 절에서 유래하여 조선 초기부터 인왕산이라고 불리게 되었다고 한다.

인왕산은 서울시 종로구 무악동 산 2-1에 위치하며, 높이가 338.2m로 산 전체가 화강암으로 되어 있고 자연 그대로 암반이 많이 노출되어 있다. 인왕산 정상은 바위가 많고 한눈에 바라볼 수 없을 정도의 아득하게 멀고 넓어서 끝이 없는 서울 전망이 펼쳐진다.

정선이 76세 때인 1751년(영조 27) 5월 하순에 경치가 아름다워 인왕산을 배경으로 그려낸 '인왕제색도'가 유명한데, 여름날 소나기가 내린 후 비가 갠 인왕산을 그려낸 만년의 걸작을 보면 과히 그 아름다움을 알 수 있다.

강인함을 보여주기 위해 바위 위에 뿌리를 내린 굽은 소나무들은 인왕산의 상징이며 끝없는 인내와 실패와 좌절 속에서도 다시 일어나는 용기와 결단력을 보여주며, 우리 조상의 선비정신과도 연결된다.

정상은 꽃이 화려하진 않지만 거칠고 단단한 아름다움이 있으며, 인왕산의 바위 지대는 투박하고 생명이 살아있는 공간이다.

인왕산은 서울 도심에 자리하면서도 자연·역사·종교가 절묘하게 어우러진 공간이다. 특히 바위산의 거친 지형 속에서도 다양한 꽃과 나무들이 조화를 이루며 사계절 서로 다른 풍경을 보여주고 있어 많은 사람들의 사랑을 받고 있다.

그래서 오늘도 인왕산의 산바람을 맞으며 인왕산 둘레길을 걷다 보면 참으로 이곳에 이사 와서 지내기를 잘했다는 생각이 든다.

1.3 인왕산 인왕사

인왕산 4월 초순
인왕사 뒤 선바위 위쪽으로 해골바위,
그 위에 장군바위(얼굴 바위) 오른쪽 모자 바위와 달팽이 바위

인왕산에는 인왕사가 있다.
지하철 3호선 독립문역 1번 출구에서 인왕산 2차 아이파크아파트를 지나서 오르다 보면 인왕사를 만나게 된다.

인왕사(仁王寺)는 14세기 말 창건된 사찰로, 인왕산에 있는 유서 깊은 장소로, 자연과 불교, 그리고 전통문화가 어우러진 곳이다. 특히 인왕사는 서울의 중심에서 불교적 고요함과 자연을 함께 느낄 수 있는 곳으로 사계절 내내 다양한 꽃과 함께 어우러져 있어서 그 아름다움과 상징성을 더하고 있다.

인왕산과 인왕사는 단순한 자연과 사찰 그 이상이다. 이곳에서 피는 꽃들은 삶과 죽음, 고통과 해탈, 찰나와 영원을 상징한다. 인왕산의 꽃은 찾아오는

사람에게 깊은 성찰의 기회를 제공하기도 하며 우리의 삶을 자연으로 풀어낸 언어이기도 하다.

인왕사에는 연꽃, 해바라기, 배롱나무, 단풍나무 등이 있어서 꽃과 나무가 불교 철학과 직결된 자연 상징 공간이다.

인왕사 봄에는 생명의 기운을 느끼는 진달래와 벚꽃이 화사하게 우리를 반기고 있다. 진달래는 인왕산 능선을 따라 흐드러지게 피어나며, 인왕사의 고요한 분위기와 잘 어우러진다. 진달래는 예로부터 '이별'과 '희생'을 상징하지만, 동시에 자연과 조화를 이루는 소박한 아름다움을 의미한다. 벚꽃은 인왕사 주변 길가나 마을과 어우러져 장관을 이루며, 인왕산을 찾아오는 사람들에게 삶의 무상함과 찰나의 아름다움을 일깨워 주고 있는 것 같다.

인왕사 여름에는 더운 날씨 속에서도 인내와 수행의 가치를 담고 있는 연꽃과 백합, 해바라기, 백일홍이 피어난다. 작은 연못에서 자라는 연꽃은 불교에서 청정과 번뇌 속에서도 깨달음을 추구하는 마음(신성을 상징)이며, 진흙 속에서 피어나는 아름다움은 마음 수행에 도움이 된다.

백합은 여름에 한창 피며 청결함과 고결함을 상징하며, 해바라기는 여름에 태양을 향하는 진리 추구의 상징이다. 여름철 붉은 꽃을 피우며 '백일홍'으로도 불리는 배롱나무는 장수와 끈기, 그리고 불심의 지속성을 상징한다.

인왕사 가을에는 국화와 단풍, 코스모스가 함께하는 고요한 수행을 보여준다. 국화는 절개와 고결함·장수를 의미하며, 생사의 고통을 이겨내는 지혜와 인내를 상징하기도 한다. 코스모스는 인왕사 주변에서 흔히 볼 수 있으며, 코스모스 꽃을 보면 가벼움과 단순함에서 비움의 미학이 떠오른다. 여기에 삶의 무상함과 아름다운 이별의 미학을 느끼게 하는 단풍이 꽃들과 어우러져, 명상과 수행에 적합한 분위기를 보여준다.

인왕사 일주문을 통과하고 가파른 언덕길을 올라가다 보면 인왕사 벽에 그려진 호랑이벽화를 만나게 된다. 호랑이벽화는 살아있는 생명력과 범상치 않은 기운이 느껴진다.

인왕사 겨울은 자연의 꽃 눈꽃과 겨울의 끝을 알리는 매화가 보인다. 눈꽃은 실제 꽃은 아니지만, 인왕산 암벽에 내려앉은 눈이 마치 꽃처럼 보이기도 하며, 자연 그대로의 무념무상을 상징하기도 한다. 매화는 추운 겨울을 이겨내고 가장 먼저 피는 꽃으로, 강인함과 희망을 상징하며 봄의 전령사로 우리를 반기고 있다.

1.4 인왕산 성곽길

인왕산 성곽길은 역사와 자연이 공존하는 길이면서 진달래·목련·벚꽃·해바라기·국화·코스모스·억새·단풍나무·매화·민들레·쑥부쟁이·왕벚나무·느티나무 등 꽃과 나무가 많이 자생하고 있다.

서울 성곽길의 인왕산 구간은 조선시대부터 서울을 둘러싸던 도성 성곽의 일부로 인왕산을 따라 이어지는 고요하고 아늑하며 조용함과 평화로움, 그리고 마음의 안정감을 느끼게 하는 산책길이 참으로 좋다.

인왕산 성곽길은 서울의 역사, 자연, 도시 풍경을 모두 품고 있는 도심 속 최고의 산책길 중 하나이다. 조선시대 서울을 둘러쌌던 한양도성(서울성곽)의 일부로, 인왕산 능선을 따라 조성된 구간이다.

인왕산 성곽길은 전체 도성 18.6km 중 서울 종로구 자하문 인왕산 능선 홍제동 일대로 약 2.3km이며, 소요 시간은 대개 약 1시간 반에서 2시간 정도 걸린다.

인왕산 성곽길 주요 구간을 살펴보면 창의문에서 시작하여 성곽길, 기차바위, 무악재 공원으로 하산하는 길이다.

시작점인 창의문(자하문)은 인왕산 성곽길의 대표적인 입구이며, 조선의 북문으로, 임진왜란과 병자호란 때의 전란 흔적이 남아 있고 봄철엔 목련과 벚꽃이 화려하게 피며, 시인의 시정과 어울림이 있는 윤동주 문학관·청운문학도서관·청운공원 등이 있다.

인왕산 북측 성벽 구간은 성벽 옆 능선길로 한양도성의 돌로 쌓인 성벽을 따라 올라가는 구간으로 전망대와 벤치 구간에서 서울 시내(광화문,

북촌)와 북한산이 내려다보인다. 성벽은 조선 초기부터 일제강점기까지 다양한 축조 방식이 섞여 있어 시대상을 비교 감상할 수 있다. 이 구간은 소나무 군락이 많이 보이며 특히 봄에는 진달래와 가을엔 국화와 억새가 보인다.

인왕산 정상은 해발 338m, 암벽 위의 성곽길 일부는 개방되어 있어 암벽과 성벽을 함께 걷는 느낌을 준다. 정상에서 북쪽으로는 북한산, 동쪽으로는 경복궁·북촌이 보이며 남쪽으로는 남산과 도심이 보인다. 이 구간은 꽃과 바위 식물인 바위취·구절초·억새 군락지가 보인다.

인왕산 기차바위는 성곽길에서 살짝 벗어난 암석 지형 구간으로 기차처럼 생긴 암벽과 여인의 치마처럼 생긴 치마바위로 불리는 전설적인 장소들이 있다. 이 구간은 가을에 주변 단풍나무와 붉게 물든 바위 풍경은 누구에게나 큰 감동을 안겨준다.

하산지점인 무악재 고개 구간은 과거 한양 서문을 통과하는 교통 요지로 공원과 둘레길 입구로 조성되어 서대문, 홍제 방향으로 가게 된다. 이 구간은 초여름에 이팝나무 꽃이 만개하여 길 양옆이 하얀 꽃길이다.

특히 4월 초순 비가 온 뒤 오후에 활짝 핀 개나리를 보면서 걷는 길은 독립문역에서 출발하여 소나무 숲을 지나서 해골바위를 거쳐 성곽길을 따라 인왕산 정상에서 다시 성곽길을 따라 윤동주 시인의 언덕으로 내려오면 만개한 노란 개나리를 보면서 인왕산을 한 바퀴 도는 셈이다.

봄에는 진달래·목련·벚꽃·민들레 등으로 성벽 위로 꽃들이 장관을 이루고 특히 도시와 자연의 경계를 허물며 봄을 알리는 역할을 하는 왕벚나무는 벚꽃으로 장관을 이룬다. 여름에는 해바라기·인왕사의 연꽃·초록 식생이 울창하며 꽃보다 그늘과 바람이 인상적이다. 가을에는 국화·코스모스·억새·단풍나무·쑥부쟁이 등으로 단풍과 국화 향이 어우러진 고요한 풍경 속 사색의 길이 참으로 좋다. 겨울에는 눈꽃·2월 말 매화 등으로 성곽 위에 쌓인 눈과 바위 위의 침묵 속에서 만나는 겨울 풍경은 언제 가더라도 우리의 마음을 편안하게 해주고 있다.

인왕산 성곽길은 건강을 위해 걷는 길과 서울이라는 도시의 본질을 걷는 길이다. 역사·문화·자연이 함께하는 인왕산 성곽길은 역사적으로는 조선시대 성곽이며, 자연적으로는 도심 속에서 가장 잘 보존된 자연식생 지대이며, 문화적으로는 윤동주의 시·겸재 정선의 인왕제색도·불교와 도교의 전통·현대 도시 문화의 접점의 가치가 있다.

특히 인왕산 정상에서 보는 경복궁·남산, 성벽 너머로 피어나는 진달래와 벚꽃, 억새와 단풍이 어우러진 가을 치마바위 근처, 눈 내린 성곽길 위의 고요한 겨울 산책로는 많은 사람들의 사랑을 받으며 사진 속에 남겨지고 있다.

인왕산 성곽길은 역사·자연·꽃길·도시 전망이 한데 어우러진 인왕산 명품 성곽길이다. 특히 계절별로 꽃과 나무가 다르게 피어 사계절 모두 탐방

가치가 높고, 도심에 있으면서도 깊은 정적과 명상 분위기를 경험할 수 있는 특별한 곳으로 최근 야간 산행으로 젊은이들에게 많은 사랑을 받고 있다.

1.5 치마바위와 기차바위

치마바위는 여성의 치마 모양을 닮았으며 인왕산의 독특한 암반 지대로, 바위 사이 좁은 길을 따라 걸을 수 있다.

치마바위와 기차바위 주위에는 바위취, 당아욱, 소나무, 개옻나무 등이 있어 바위 생태와 자연 속 생명의 강인함을 보여주고 있다.

바위취는 바위 틈새에서 자라는 작고 하얀 꽃으로 어려운 환경에서도 피어나는 생명력의 상징으로, 인왕산의 생태적 상징성을 보여주고 있다.

자주색 꽃을 여름에 피우며, 민속 약초로도 사용되는 당아욱은 산사 주변에서 자주 발견되고 있다.

바위 옆으로 휘어져 자라는 소나무는 고난 속에서도 꺾이지 않는 정신을 상징한다.

개옻나무는 가을이면 붉은빛이 도는 잎으로 물들어, 생명의 순환과 자연의 이치를 보여주고 있다.

1.6 윤동주 시인 언덕의 구절초

인왕산 동쪽에는 윤동주 시인의 문학관과 청운공원이 있어서 고요하고 정돈된 분위기로 자연과 사색이 만나는 공간이다.

윤동주 문학관과 청운공원은 문학·자연·철학과 사색이 함께하는 정원으로 코스모스·목련·벚나무·이팝나무 등이 있다.

봄철에 화사하게 피는 하얀 목련은 정결함과 순수한 사랑을 상징하며, 윤동주 시인의 감성과 잘 어우러지는 꽃이다. 여기에 윤동주 시인의 언덕에 피는 4월 초 구절초를 바라보며 "어머니의 사랑"을 느낀다.

벚나무에 피는 벚꽃은 인생의 덧없음과 찰나의 아름다움을 떠올리게 하며, 윤동주의 시 "쉽게 쓰여

진 시"와도 감정적으로 연결됩니다.

5월에 피는 이팝나무는 하얀 쌀밥 나무로 풍요와 평화의 상징으로, 문학관의 분위기와 잘 어울리는 나무이다.

가을에 피는 코스모스는 공원 가장자리에 많이 피며, 윤동주의 시 세계처럼 소박하고 순수한 자연미를 표현하고 있다.

* 서울 한양도성은 조선왕조 도읍지인 한성부의 경계를 표시하고, 외부의 침입을 막기 위해 축조된 성이다.

1.7 우리 역사와 함께한 나무, 인왕산 소나무 숲에서

비가 개인 인왕산 산책길은 참으로 상쾌하다. 벚꽃잎이 날리고 새소리가 지저귀며 참으로 평온한 아침에 소나무 숲을 걸어본다.

소나무 숲으로 접어들자, 공기가 달라진다. 빗방울이 그치고 잎사귀 끝엔 아직도 투명한 물방울이 매달려 있다.

인왕산 소나무 숲은 고요하면서 왠지 편안한 느낌이 들어 이곳을 걸을 때마다 기분이 좋다.

숲이 전해주는 평온은 설명할 수 없다. 그것은 말보다 더 깊고, 침묵보다 더 말이 많다. 나는 천천히 걷고, 가끔 멈춰 서서 소리를 듣는다. 조용히 들려오는 새소리, 바람에 나뭇가지 흔들리는 소리, 그리고 아주 작은 벚꽃잎이 어깨 위에 내려앉는 소리까지 모두가 좋았다.

아름다운 소나무 숲을 친구에게 은근히 자랑한다. 다음 주말에는 시간을 내어 인왕산에 오라고 말이다. 지하철 3호선 독립문역 1번 출구를 나와서 인왕산 2차 아이파크를 지나 인왕사에서 시작하는 둘레길 겸 산책 참으로

좋다. 편하게 걸을 수 있는 인왕산 산책길에서 예쁜 꽃들과 아름드리 소나무들을 만나고 한양도성 성곽길을 걸으며 역사 속으로 걸어가 본다.

2장
봄, 꽃이 피어나는 계절 🌸

인왕산 성곽길 자락을 타고 올라갈수록 봄빛은 더 짙어지고 인왕산 숲은 갈수록 싱싱하다.

인왕산의 산책길을 따라 걷다 보면, 계절마다 다른 매력을 지닌 꽃과 나무들을 만나게 된다. 이들 각각의 꽃과 나무들은 인왕산의 생태계와 그곳을 살아가는 사람들에게 사랑을 주고 있다. '점희쌤의 꽃 이야기'에 소개되는 꽃과 나무들은 자연의 순환과 변화, 그리고 그 속에서 살아가는 의미를 깊이 느끼게 해주고 있다.

인왕산의 봄은 단순한 계절의 시작이 아니라, 도시의 아침을 먼저 여는 노래와 같다. 바위산이라 거칠고 단단하지만 매년 봄이면 마치 오래된 친구처럼 새롭게 단장하며 우리에게 다양한 모습을 보여주고 있어서 항상 다음 계절이 기다려지는 산이다.

인왕산의 봄은 천천히 우리에게 다가오고 있다

겨울이 떠난 자리, 인왕산의 바위틈마다 분홍빛 진달래가 제일 먼저 말을 건넨다. 잎보다 먼저 피어나는 꽃은 그 자체로 대단한 용기이다. 진달래는 돌과 바람 사이에서 흔들리면서도 우리의 눈을 행복하게 한다.

인왕사의 배롱나무는 이른 봄엔 아직 나무껍질만 드러내고 있지만, 그 껍질은 겨울을 벗기고 봄을 기다리는 사람의 모습과 닮아 보인다.

한 그루의 나무가 자신의 시간으로 꽃을 준비하는 모습은, 우리의 삶과 비슷하여 웃음이 절로 난다.

산길을 오르다 보면 소나무들이 듬성듬성 자리를 지키고 있다. 눈에 띄지 않게 우리에게 그늘을 내어주고, 바람을 막아주는 존재이다. 소나무는 봄이 와도 크게 달라지지 않지만, 그 자리에 있음으로써 봄이 더 싱그러워 보인다.

인왕산은 개나리·진달래·철쭉·벚꽃·조팝나무·소나무 등이 있으며, 거칠고 단단한 아름다움을 보여주고 있다.

인왕산의 봄은 화려하지 않지만, 도시와 자연 사이의 균형이 조화롭다. 인왕산 바위가 많은 산이지만 부드럽게 말을 걸어오는 꽃들 덕분에, 사람의 마음도 한결 순해진다.

인왕산 꽃들은 서로 경쟁하지 않고 자연의 순리대로 순서대로 피어난다. 진달래가 피고 목련이 언제 피웠는지 인사를 하고 주위가 온통 벚꽃잎으로 날리다가 이어서 조팝나무가 우리를 반갑게 맞이한다. 이렇듯 인왕산의 봄은 하나씩 마음을 열어가는 듯한 모습을 보여주는 산이다.

봄은 봄꽃이 가장 풍성한 시기에 꽃잎이 바람에 흩날리는 인왕산 풍경은 개나리·진달래·벚꽃이 함께 어우러져 산책하는 사람과 자연이 하나가 되어 아름다운 조화를 이루게 된다.

봄날의 인왕산은 자하문 또는 독립문역을 시작으로 둘레길을 걷다 보면 성곽길을 만나 인왕산 정상으로 올라가면 서울 시내를 사방팔방으로 바라보고 있는 나를 발견하게 된다.

2.1 인왕산에 먼저 피는 꽃, 산수유

산수유는 층층나무과의 낙엽교목인 산수유나무의 열매이다. 산수유 열매는 처음에는 녹색이다가 붉게 익는다. 단맛과 강한 신맛이 나며, 10월 중순에 수확한다.

인왕산에서 3월 초순 봄에 먼저 피는 노란 꽃인 산수유가 보인다. 산수유 전망대에서 바라본 산수유나무는 세월의 흔적이 느껴지는 아름드리 나무들의 군락으로 정말로 아름다운 장관을 이룬다.

겨울 끝자락을 밀어내듯 노랗게 피어난 산수유가 가장 먼저 봄을 알린다. 앙상하던 가지마다 터져 나오는 꽃송이는 작고도 단단한 빛으로 언 땅 위에 따뜻한 숨을 불어넣는다.

꽃잎은 바람에 흔들리며 햇살을 머금고, 산 아래 도시의 고요한 아침 풍경을 배경 삼아 더욱 선명해진다. 그 노란빛은 소리 없이 퍼져 나가,

봄이 왔다는 사실을 말보다 먼저 우리에게 보여주고 있다. 노란 산수유가 피고 나면 노란 개나리가 바로 이어서 다가오고 있다는 것을 느낀다.

여름을 지나서 9월 초순에 인왕산 한양도성 성곽길에 열린 녹색의 산수유 열매를 보고 붉게 변할 모습을 기대하며 서서히 가을을 맞이할 준비를 한다.

2.2 봄의 전령사 인왕산 성곽길 개나리

개나리는 쌍떡잎식물 물푸레나무과의 낙엽 관목으로, 4월에 잎겨드랑이에서 노란색 꽃이 1~3개씩 피며 꽃자루는 짧다.

3월 하순 비가 온 후 인왕산 성곽길에서 활짝 핀 개나리를 본다.

개나리는 봄의 시작을 알리는 대표적인 꽃으로 황금빛 꽃을 가진 개나리는 차가운 겨울을 지나 따뜻한 봄을 맞이한 자연의 상징으로 가지의 끝에서 풍성하게 피며, 마치 햇살을 받아 더욱 밝게 빛나는 듯한 느낌을 준다.

개나리는 봄을 시작하는 상징적 존재이다. 사람들에겐 희망과 새로운 시작을 의미하며, 긍정적인 에너지를 받게 되는 대표적인 꽃이어서 더욱 좋다.

개나리는 인왕산 산책로 곳곳에 자생하는 모습을 볼 수 있으며, 개나리의 노란 꽃들이 산을 밝혀주는 아름다운 장면은 봄을 기다리던 이들에게 큰 위로를 주고 있어 볼 때마다 아름다운 모습에 감탄한다.

2.3 봄의 색을 더하는 진달래와 철쭉

진달래는 쌍떡잎식물 진달래과의 낙엽관목으로, 꽃은 4월에 잎보다 먼저 피고 가지 끝부분의 곁눈에서 1개씩 나오기 시작한다.

3월 하순~4월 초에 바위틈에서 피어나는 분홍빛 꽃인 진달래는 우리네 삶의 집념과 봄의 희망을 상징하는 꽃이다. 특히 지천으로 피어 있는 진달래 군락을 보면 참으로 장관이다.

비 온 뒤 인왕정에서 해골바위 가는 길목에서 붉게 물든 진달래는 봄철에 피는 꽃 중에서도 그 빛깔이 분홍색과 자주색으로 가지 끝에 무리 지어 피어나 가장 선명하고 아름답다.

진달래는 "기다림"과 "희망"을 상징하며, 진달래의 꽃망울이 피어나는 모습을 보면 삶의 여정처럼 아무리 어렵고 힘든 순간이 지나 결국 꽃은 피어난다는 믿음을 주고 있다.

4월 초순 진달래와 철쭉의 차이는 진달래는 꽃이 지고 난 다음 잎이 나고, 철쭉은 잎이 난 후 꽃이 핀다.

철쭉은 진달래과로 산에서 자라는 낙엽 떨기나무이다. 꽃은 4~6월에 잎과 동시에 피며, 잎은 가지 끝에 4~5장씩 어긋나게 모여 나며 잎자루는 짧다.

인왕산 바위 사이로 봄이 깊어지면, 연분홍 철쭉이 불쑥 피어난다.

거친 바람과 햇살을 이겨낸 꽃잎은 수줍은 듯 피어 있으나 그 속엔 단단한 계절의 숨결이 맺혀 있다.

산길 따라 번지는 분홍빛 물결은 무채색 도시 너머로 봄을 알린다.

2.4 흩날리는 꽃잎의 향연, 벚꽃과 조팝나무

벚나무는 장미과에 속하는 낙엽성 교목이다. 봄철에 5장의 오목한 꽃잎으로 구성된 꽃이 긴 꽃자루의 끝에 피며, 열매로 버찌가 검게 익는다.

꽃잎이 바람에 흩날리는 인왕산 풍경은 무상(無常)을 떠오르게 하며, 개나리·철쭉·목련·벚꽃이 어우러져 산책길을 걷는 사람과 자연이 하나가 되어 아름다운 조화를 느끼게 된다.

인왕산 벚꽃은 4월 초~중순에 아름답게 피어나는데 특히 인왕산 성곽길과 인왕사에서 무악 배드민턴장을 지나 인왕정으로 가는 일대에 흐드러지게 피어서 우리의 눈을 행복하게 해준다. 아름답게 피어나서 금방 지는 벚꽃을 보노라면 찰나의 아름다움과 무상함을 느끼게 된다.

4월 초순 아침 인왕산 성곽길 아래쪽 성벽에 떨어지는 벚꽃잎

벚꽃은 봄의 상징적인 꽃으로 개나리와 진달래보다 조금 늦게 피지만, 그 꽃의 풍성함과 우아함으로 봄의 절정을 장식한다. 벚꽃은 주로 흰색과 분홍색의 화사한 꽃을 피우며, 바람에 떨어지는 꽃잎은 마치 비처럼 흩날린다.

벚꽃은 "덧없음"과 "아름다움"을 상징한다. 아름답게 피어나서 금방 지는 벚꽃을 보노라면 찰나의 아름다움과 무상함을 느끼게 되지만 벚꽃잎 휘날리는 산 공기를 마시며 걷는 순간은 행복감에 젖게 된다.
벚꽃은 인왕산 산책길 산자락 곳곳에서 볼 수 있으며, 벚꽃이 피었을 때 산책로는 백색과 분홍색 물결로 덮여 장관을 이룬다. 벚꽃이 흐드러지게 피는 4월에는 꽃물결이 장관을 이루며 수많은 사람들이 벚꽃길을 걷고 사진을 찍으며 멋진 순간을 즐긴다.

순백의 활짝 핀 조팝나무

조팝나무는 쌍떡잎식물 장미목 장미과의 낙엽 관목으로, 높이 1.5~2m이고 잎은 어긋난 타원형이다. 꽃은 4~5월에 피고 백색이며 가지의 윗부분은 전체 꽃만 달려서 백색 꽃으로 덮인다.

4월 초순 인왕산을 걷노라면 활짝 핀 조팝나무 꽃을 만날 수 있다. 조팝나무는 가지마다 하얀 꽃을 수놓듯 피워낸다.

작고 촘촘한 꽃들이 폭포처럼 흘러내리며, 봄빛 속에 순결한 모습을 드러낸다. 바람이 스치면 꽃잎이 가볍게 날리고, 자유로운 흩날림 속에서 봄은 더욱 투명해진다.

2.5 하얀 꽃송이와 향기로운 꽃내음, 아까시나무

아까시나무는 쌍떡잎식물 장미목 콩과의 낙엽교목으로, 높이가 약 25m이다. 잎은 어긋나고 작은 잎은 9~19개이며 타원형으로 2.5~4.5cm이다. 꽃은 5~6월에 흰색으로 피며, 가지의 잎겨드랑이에 달리며 향기가 강하다.

5월 중순, 아까시나무에 하얀 꽃이 포도송이처럼 매달린다. 은은한 향이 바람을 타고 퍼지면, 숲길은 어느새 달콤한 숨결로 가득 찬다. 연초록 잎 사이로 흩날리는 꽃잎은 짧은 계절의 환영 같고, 그윽한 향기는 걷는 이의 발길을 천천히 붙든다.

보기에도 탐스러운 아까시나무 꽃은 향기도 좋고 예쁘지만, 나무뿌리가 약해 태풍이나 바람에 쉽게 쓰러져 있는 모습을 자주 보게 된다.

인왕산 둘레길에 피어 있는 아까시나무의 꽃내음이 코끝을 스치면 향기로운 꽃향기에 산책길의 발걸음을 가볍게 한다.

2.6 종 모양의 꽃들이 가지마다 주렁주렁 달린 때죽나무

쌍떡잎식물 감나무목 때죽나무과 낙엽소교목으로, 잎은 어긋나고 긴 타원형 종 모양으로 생겼다. 5~6월에 지름 1.5~3.5cm의 흰색 꽃이 잎겨드랑이에서 2~5개씩 밑을 향해 달린다.

5월 중순 봄에서 여름으로 가는 길목에 인왕산 때죽나무 꽃들이 많이 피어 있는 것을 볼 수가 있다. 하얀 색상의 꽃잎 안에 노란 색상의 수술을 보고 있노라면 하얀 우산을 쓰고 노란 옷을 입고 있는 사람이 연상 된다.

때죽나무는 산과 들의 낮은 지대에서 자라며, 산길 위로 때죽나무 꽃이 하얗게 쏟아진다. 작은 종 모양의 꽃들이 가지마다 주렁주렁 달려, 푸른 잎 사이로 바람에 흔들릴 때면 마치 나무 한 그루가 조용히 종소리를 내며 우리에게 아름다운 봄의 소리를 들려주고 있는 듯하다.

수천 송이 꽃잎 아래, 봄을 마무리하며 초여름은 눈부시게 익어간다.

2.7 은은한 향기로 봄을 마무리하는 찔레꽃

찔레꽃은 장미과에 속하는 낙엽성의 키 작은 나무로, 높이는 1~2m 이다. 가지에 달린 5~9개의 작은 잎은 서로 어긋나며, 잎은 2~4cm 길이의 타원형이다.

5월 중순에 피는 찔레꽃, 산바람을 따라 하얗게 피어난다. 매년 5월쯤 전국의 산과 들의 기슭과 계곡에서 흔히 볼 수 있다. 철이 지났는데 산에 하얀색 작은 꽃   이 덤불에 무더기로 피어 있다면 거의 찔레꽃이라고 보면 된다.

찔레꽃 가지에는 예리한 가시가 있는데 '찔레'라는 이름도 가시가 있어서 만지면 찔리는 데서 유래한 이름이다. 거칠게 뻗은 가시 사이로 맑고 단아한 꽃잎이 피어, 수수한 꽃이지만 깊은 향기로 봄의 끝자락을 장식한다.

찔레꽃의 은은한 향은 스치듯 지나가면서도 오래도록 우리 마음 한구석에 남는다.

2.8 수줍은 흰 꽃 사이로 붉은 열매, 산딸기

산딸기는 쌍떡잎식물로 장미과에 속한다. 키는 약 2m이고, 잎은 길이가 8~1cm이다. 꽃은 가지 끝에 붙어서 나며 흰색으로 지름은 2cm이다. 열매는 6~7월에 익으며 붉은색으로 둥글다.

5월 중순에 꽃이 피는 산딸기는 우리나라 산과 들에서 흔하게 자라며, 햇볕이 잘 드는 양지에서 자란다.

인왕산의 봄이 깊어질수록 산길 가장자리엔 산딸기꽃이 수줍게 피어난다. 작고 희고 여린 꽃잎들이 바람에 흔들릴 때, 곧 붉게 맺힐 열매의 약속이 그 속에 숨어 있다. 해묵은 돌담 곁에서 피고 지는 그 소소한 생명은 화려하지 않아 더 오래 눈에 남는다.

2.9 봄의 대지 위에 수놓은 연분홍 속삭임, 꽃잔디

꽃잔디는 꽃고비과의 여러해살이풀로 잔디처럼 낮게 자란다. 잎은 잎자루가 없이 마주나기 하며 길이 8~20mm로서, 주로 4월에 피며 9월까지 보이기도 한다.

4월 하순 봄에 피는 꽃잔디는 봄철을 대표하는 아름다운 꽃 중 하나로, 땅을 덮듯이 피어나는 모습 때문에 잔디처럼 퍼지는 꽃이라고 표현한다. 인왕산 산책길에 잔디처럼 퍼지면서 마치 땅에 꽃 카펫을 깔아놓은 느낌

이며, 꽃잔디의 색상은 분홍색·흰색·하늘색·보라색 등 다양하다.

봄볕이 인왕산을 따뜻하게 비추면 바위틈 사이로 꽃잔디가 소복이 피어나기 시작한다. 작은 꽃잎들이 모여 분홍빛 융단을 펼치면 아름다움이 산길을 따라 번져간다. 발 아래 깔린 다양하고 부드러운 색은 봄의 대지 위에 수놓은 연분홍 속삭임 같다.

2.10 발끝을 따라 노란빛이 번져오는 금계국

금계국은 국화과에 속하는 여러해살이풀이다. 30~60cm로 자라며 5월~7월에 가지 끝마다 노란 꽃이 핀다. 중심부가 둥글고 진한 금빛을 띠고, 가장자리에는 부드럽게 퍼진 꽃잎이 햇살을 닮았다.

5월 하순 아침 인왕산 성곽길에 햇살처럼 피어난 금계국을 보며 산책한다. 성곽길을 걷다 보면 발끝을 따라 노란빛이 번져오며, 햇살이 오래 머무는 자리마다 금계국이 흐드러지게 피어 있다.

척박한 땅에서도 잘 자라서 길가나 성곽의 틈에서 쉽게 만날 수 있다.

   금계국은 인왕산 성곽의 오래된 돌담과 잘 어울리는 자연의 일부로 느껴져 우리 마음속에 오래 남는 봄꽃이다.

노란 꽃잎이 바람에 흔들릴 때마다, 초여름의 문턱이 조용히 열린다. 거친 돌담 아래 퍼지는 그 밝은 빛은 지나가는 마음에도 환한 웃음을 남긴다.

2.11 잎과 줄기에서 나오는 노란 진액, 애기똥풀

애기똥풀은 양귀비과에 속하는 두해살이풀로 30~50cm 정도 자라며, 잎은 어긋나고 날개깃처럼 갈라져 있다. 잎과 줄기에 흰 분백색이 돈다.

인왕산 성곽 아래 길을 따라 걷다 보면, 시선이 종종 발밑에 머무르면 지천으로 수줍게 피어 있는 작은 노란 꽃들이 보인다.

애기똥풀은 줄기에서 노란 진액이 묻어나와 '애기 똥 같다' 하여 이름이 붙었으며, 꽃은 크지도 않고 화려하지도 향기롭지도 않다. 애기똥풀은 피부에 바르기도 하고 종기나 상처를 다스리는 등 약초로 쓰인다.

인왕산의 오래된 성곽 돌담 아래 그늘진 틈 사이에서도 피어 있는 애기똥풀은 우리의 마음을 붙잡기에 4월 초순 이맘쯤은 귀찮더라도 성곽길을 찾고 있다.

2.12 성벽의 조명 빛에 빛나는 꽃마리

꽃마리는 쌍떡잎식물 꿀풀목 지치과의 두해살이풀이다. 줄기는 높이가 10~30cm이고 전체에 짧은 털이 있으며, 연푸른색의 작은 꽃잎으로 작고 여린 들꽃이다.

4월 초순 인왕산 성곽길의 낮과 밤은 다른 모습을 한다.

낮에는 바위와 돌담 그리고 들풀과 햇살이 어우러져 담백한 풍경을 이루지만, 밤이 되면 조명 빛에 빛나는 수줍은 봄꽃의 꽃마리가 보인다.

한양도성 인왕산 성곽을 따라 설치된 조명은 아주 오래된 이야기를 들려주듯이 낮보다 더 섬세하게 길을 안내해 준다.

저녁 식사 후 남편과 함께 인왕산 성곽길을 걷고 있다. 별빛은 멀리 있었지만, 성곽 아래의 도시는 밝은 불빛을 내고 있다. 성곽길은 고요하고, 바닥을 향한 노란 조명 덕분에 발걸음은 한결 가볍다.

밤빛 아래 깨어난 푸른 속삭임, 인왕산 성곽길의 꽃마리

우연히 조명 아래 빛나는 작은 꽃을 발견했다. 아주 낮게 아주 조용히 피어 있는 꽃마리는 낮에 걸으면 그냥 지나쳤을 것 같다.

한참 동안 그 꽃 앞에 머물렀다. 누군가 일부러 비춘 것도, 특별히 꾸민

것도 아니었다. 그저 조명이 성곽 아래를 따라 이어지며 그 자리를 비췄을 뿐인데, 꽃마리는 그 빛을 조용히 받고 있었다.

꽃마리는 누구를 기다리지도, 반기지도 않았지만 피어 있는 그대로 좋았다. 오늘을 살아가는 우리의 삶처럼 말이다.

2.13 인왕산 초소 책방 바위에 핀 마가렛

마가렛은 쌍떡잎식물 초롱꽃목 국화과의 여러해살이풀로, 잎은 깃 모양으로 길게 갈라지며 쑥갓잎처럼 생겼다.

여름부터 가을에 걸쳐 흰색, 노란색 따위의 두상화(頭狀花)가 피는데 들국화와 비슷하다.

5월 초순, 인왕산은 본격적으로 물들기 시작하면서 인왕산 둘레길에서 윤동주 시인의 언덕으로 가는 도중에 인왕산 초소 책방이 있다. 원래 군부대였는데 인왕산이 완전히 개방되면서 리모델링하여 카페 책방으로 탄생하여 인왕산을 찾는 사람들의 사랑을 받고 있다.

휴일 아침, 쉼터 같은 그곳을 딸과 함께 찾았다. 바람은 얼굴을 스치며 바람에 실려 오는 햇살은 금방이라도 여름이 올 것 같다.

초소 책방 커다란 바위 위에, 시간의 무게를 정직하게 견뎌낸 듯 하얗게 무리를 지어 마가렛이 피어 있었다. 흰 꽃잎과 노란 중심, 단순하지만 묘하게 마음을 사로잡는 모습이었다.

인왕산 바위와 솔숲, 경사의 풍경 속에서 마가렛은 더욱 순백으로 피어나고 있었다. 초소 책방 문을 나와 정면에 놓인 마가렛을 다시 바라본다. 햇빛에 꽃잎은 더 하얗게 빛났다.

초소 책방이라는 공간과 함께 마가렛은 그곳을 찾는 사람들을 위해 준비된 작은 화원과 같았다.

* 인왕산 초소 책방은 1968년 1월21일 김신조 사건 이후 청와대 방호목적으로 50년간 경찰초소로 사용되다가 2018년 인왕산 전면 개방에 따라 시민을 위한 공간으로 탄생하였다.

2.14 소나무 숲으로 가는 길목에 핀 산딸나무

산딸나무는 층층나무속에 속하는 낙엽 활엽수로 나무의 높이는 5~15m이다. 층층나무처럼 층을 이루어 넓게 가지를 펴지며 자란다. 꽃은 5~6월에 가지가 만들어 놓은 층 위로 하얀색이며, 9월~10월에 열매가 익으며 겉은 빨간색이나 속은 주황색이다.

5월 하순 인왕산 무악 어린이공원에서 소나무 숲으로 가는 길목에 핀 산딸나무 꽃, 초여름의 문턱을 넘을 즈음에 인왕산 성곽길이 조용히 밝아진다. 소나무 숲으로 가는 길목에 한눈에 들어오는 나무 한 그루, 그 위로 눈처럼 고운 흰빛이 내려앉는다. 바로 산딸나무 꽃이다.

꽃의 모양은 꽃잎 4개가 X자로 붙어있는 형태이며, 꽃은 오히려 담백하고 단정하며 멀리서도 꽃송이처럼 보이며 풍성하다. 꽃의 모양은 꽃잎 4개가 X자로 붙어져 있는 형태이다.

인왕산의 거친 바위와 오래된 성벽 곁에서 피어나는 산딸나무는 봄과 가을에 돋보인다.

2.15 인왕산 성곽 아래, 병 모양을 닮은 병꽃나무

병꽃나무는 쌍떡잎식물 합판화군 산토끼꽃목 인동과의 낙엽관목으로 높이 2~3m로 5월에 병 모양의 꽃이 노랗게 피었다가 점차 붉어진다.

봄이 깊어지는 5월 하순, 인왕산 성곽길을 걷다 보면, 바위틈과 산비탈 사이에서 조용히 피어난 분홍빛이 눈에 들어온다. 가까이 다가서면 종처럼 생긴 작은 꽃들이 나뭇가지를 따라 주렁주렁 매달려 있다.

병꽃나무는 4월 말에서 6월 초까지 꽃을 피우는데, 꽃잎이 병 모양을 닮아 이름이 붙었으며, 연분홍에서 붉은빛까지 고운 색조로 피어난다. 꽃은 화려하지 않으나, 잎은 마주나고 끝이 뾰족하며 꽃이 진 뒤에는 기다란 열매가 맺힌다.

인왕산의 병꽃나무는 꽃잎과 바람 한 점에도 계절의 온기를 느끼게 해주는 나무이다.

2.16 인왕산의 두 봄, 벚꽃과 산벚꽃의 대화

벚나무는 장미과에 속하는 낙엽성 교목이다. 봄철에 5장의 오목한 꽃잎으로 구성된 벚꽃이 긴 꽃자루의 끝에 피며, 버찌를 열매로 검게 익는다.

4월 초순, 인왕산 자락의 햇살 좋은 언덕이나 돌담 곁에 서서 말없이 피어난다. 벚꽃은 벚나무의 꽃이다. 봄에 화창하게 피며, 꽃잎의 색깔은 분홍색 또는 하얀색이다.

흐드러진 꽃잎은 바람 한 자락에도 꽃잎이 무수히 흩날려, 봄이 온몸으로 흔들리는 듯한 환상이 만들어진다.

반면, 산벚꽃은 인왕산에 잘 어울리며, 도심에서 떨어져 산자락이나 햇살이 적당히 드는 숲속 가장자리에서 활짝 피어난다. 벚꽃보다 조금 늦게 봄을 맞이하지만, 한 겹의 꽃잎은 연분홍보다 흰빛에 가깝다.

벚꽃이 짧은 시간 안에 모든 것을 쏟아붓는 젊은 청춘이라면, 산벚꽃은 오래도록 가슴에 여운을 남긴다. 인왕산이라는 공간에서 벚꽃과 산벚꽃은 다른 성격의 형제처럼 서로 다른 모습으로 우리에게 봄을 알려준다.

2.17 목련꽃 그늘아래서

목련은 목련 속의 한 종으로 꽃은 3월 말부터 잎이 나기 전에 핀다. 꽃잎은 백색이지만 잎 아래쪽은 연한 홍색이고 향기가 있다.
잎은 어긋나며 넓은 난형 또는 도란형으로 길이 5-15cm이다.

인왕산 자락에 봄 햇살이 번지면, 목련은 가장 조용한 방식으로 피어난다. 하얗고 도톰한 꽃잎이 마른 가지 끝에서 천천히 열리며, 마치 하늘을 닮은 그리움이 땅 위에 내려앉은 듯하다.

3월 말 또는 4월 초에 피는 목련은 하얗고 큰 꽃잎으로 청결한 아름다움·순수함을 나타내며, 새로운 시작을 알리는 아름다운 꽃으로 사랑을 받고 있다. 목련은 나무에 핀 연꽃이라는 뜻으로 새하얀 꽃잎이 물에 뜬 모양이 마치 흰 보석 진주를 닮았다고 한다.

꿈 많던 여고 시절 모교의 교화가 목련꽃이어서 더 애틋하고 추억하며 살아왔다. 4층 건물 높이까지 높게 뻗은 아름드리 목련꽃을 바라보며 교정을 거닐었던 멋진 봄을 잊을 수 없다.

목련이 피는 인왕산 둘레길을 걸으며 보는 목련꽃의 꽃봉오리는 뽀얀 어린 아이의 볼이 연상된다. 목련꽃 그늘아래서 베르테르의 편질읽노라~로 시작하는 4월의 노래가 저절로 흥얼거려진다.

인왕산에 부는 바람도 잠시 숨을 고르는 그 순간, 매혹적인 바닐라색의 목련꽃 앞에 잠시 숨을 멈추어 서서 꽃을 바라보는 내 마음은 환하게 밝아지고 있다.

2.18 인왕산 바람결 따라 천천히 피어나는 모란

속씨식물(쌍떡잎)의 미나리 아재비과로 꽃은 5월에 홍자색 또는 연분홍으로 핀다. 지름이 15cm 이상이며, 꽃잎은 8개 이상이다.

인왕산의 봄이 무르익을 즈음, 모란은 천천히 피어난다. 한 겹, 또 한 겹 꽃잎을 열어가며 마치 오랜 침묵 끝에 건네는 고백처럼, 그 자리에 선 사람의 시선을 조용히 붙잡는다.

화려하지만 요란하지 않고, 짧지만 깊게 머물다 가는 그 빛은 봄날의 절정을 품은 찬란한 숨결이다. 인왕산 바람결 따라 연분홍 모란이 천천히 피어난다.
화려함 속에 고요를 품고, 봄의 정수를 조용히 드러낸다.

모란은 우리 조상들이 사랑했던 꽃으로 꽃이 화려하여 위엄과 품위를 갖추고 있는 꽃이다. 그래서 부귀화(富貴花)라고 하기도 하며 꽃 중에 왕이라고도 한다.

3장
여름, 푸르름이 더해가는 시간 🌸

여름의 산은 대개 떠들썩하다. 초록은 지나치게 짙어지고, 매미는 쉼 없이 울며, 사람들의 걸음도 가볍지 않다. 하지만 인왕산의 여름은 조용하다.

인왕산 인왕사의 담장 아래 작은 화단에서, 해바라기 몇 송이가 고요히 고개를 들고 있다. 크고 환한 얼굴로 태양을 똑바로 마주 보는 해바라기는 가만히 서서 하루 종일 같은 방향을 바라보고 있다. 바쁘게 스쳐 지나가는 우리의 삶과는 조금 다르게 세상의 흐름과는 전혀 다른 모습으로 태양을 응시하고 있다.

항상 우리를 반기고 있는 인왕산 바위, 나무, 바람

인왕산의 여름은 꽃만으로 설명되지 않는다. 뜨거워진 바위는 한낮의 열기를 가지고 손을 대면 미묘하게 따뜻하다. 그 위에 잠시 손을 얹고서 손바닥에서 바위를 느껴본다.

바위 위로 개미가 지나가고, 그 틈새에서도 작은 풀꽃 하나가 자라나는 모습을 본다. 7월·8월의 여름은 햇빛·비·바람·사람 등 모든 존재에게 시간을 나눠주고 있다.

인왕산을 오르면 내려올 때는 하나씩 놓고 온다. 걱정일 수도 있고, 조급함일 수도 있고, 때로는 건강염려 등을 말이다. 산이 그것을 가져가는 건 아니고, 그저 바위와 꽃, 나무와 바람에 맡겨둔다.

하산길 성곽길의 접시꽃은 여전히 성곽을 바라보고 있고, 소나무 숲은 여전히 시원한 그늘을 내주고 있다. 그래서 편안한 마음으로 집으로 향한다.

여름의 인왕산은 뜨겁지만 시끄럽지 않다. 그곳의 초록은 말이 없고, 꽃은 고요하게 피며, 나무는 묻지 않고 그늘을 내준다. 도시 한복판의 인왕산은 늘 같은 자리에 있으면서도 계절마다 다른 모습으로 우리를 감싸주고 있다.

그래서 여름이 되면 더운 걸 알면서도 집 근처 인왕산을 다시 찾는다. 천천히 도심의 아파트 열기를 피해 숨 쉬게 하는 여름을 만나기 위해 집을 나서 가파른 길을 올라간다.

3.1 선바위에 핀 참나리꽃

참나리꽃은 외떡잎식물 백합과의 다년생으로, 꽃은 7~8월에 피고 노란빛이 도는 붉은 색 바탕에 검은빛이 도는 자주색 점이 많다.

7월 중순 선바위 앞 계단 양쪽에 핀 참나리꽃이 참으로 예쁘게 보인다.

여름 햇살 아래 참나리꽃이 우아하게 피어난다. 붉고 주황빛 꽃잎에 점을 찍은 듯한 무늬는 자연이 빚은 섬세한 붓놀림 같고, 하늘을

보고 뒤집히듯 활짝 열린 모습엔 한여름의 생명력이 고스란히 담겨 있는 모습이다.

선바위는 서울시 종로구 무악동 산 3번지 4호 인왕산에 위치하며, 서울시 민속자료 제4호이다. 선바위는 바위의 모습이 마치 스님이 장삼을 입고 있는 것처럼 보여 참선한다는 선 자를 따서 선바위라고 불리고 있다.

오늘은 선바위 뒤편에서 한가롭게 놀고 있는 닭 두 마리가 다정하게 보인다.

3.2 성곽 문을 지키는 꽃, 인왕산 접시꽃

접시꽃은 속씨식물(쌍떡잎) 아욱과 다년생으로 봄·여름에 씨앗을 심으면 그해에는 잎만 무성하고 다음 해 줄기를 키우면서 6월~9월에 연한 진분홍색·흰색으로 꽃이 핀다.

7월 중순의 인왕산. 한양도성의 내부 순성길과 외부 순성길이 갈라지는 지점, 오래된 돌담이 흐르듯 이어지는 성곽길의 초입에 서면, 그곳을 지키듯 키 큰 꽃대 하나가 조용히 서 있다. 높이 뻗은 줄기 끝에 계단처럼 달린 꽃송이들이 접시꽃이다.

접시꽃은 햇살이 잘 드는 성곽 곁에서 꽃이 본격적으로 피기 시작해, 여름 내내 줄기 아래부터 위까지 차례로 꽃을 틔운다. 접시처럼 둥글고 넓은 꽃잎은 꼭 찻잔 받침 같고, 꽃 색은 빨강·분홍·하얀색 등 다양하다.

거친 바람이나 여름비에도 꺾이지 않고, 성곽 옆에서 뿌리를 단단히 붙이고 서 있는 모습은 마치 성곽을 수호하는 수문장처럼 느껴진다.

한 송이 한 송이 피어나는 꽃은 잠시 머물다 사라지지만, 줄기엔 다시 새로운 꽃망울이 차오른다. 그렇게 피고 지기를 반복하며, 접시꽃은 길 위의 시간과 계절을 몸으로 지키고 있다. 한양도성 성곽의 돌은 무겁고 오래되었지만, 그 돌 사이에서 피어난 접시꽃은 가볍고 부드럽다.

서울의 옛 길목, 한양도성 서울성곽 인왕산의 갈림길에서 접시꽃은 시골집의 손님맞이 꽃처럼 오늘도 성곽을 출입하는 사람들을 맞이하고 배웅하고 있다.

3.3 활짝 웃고 있는 개망초

개망초는 국화과의 두해살이풀로, 6월부터 8월까지 꽃을 피우며, 높이는 대개 50cm 안팎이다. 개망초 꽃 가운데는 햇빛을 모은 듯 노란 중심이 둥글게 박혀 있다.

6월 하순, 인왕산 산책길은 이미 여름을 맞이한 듯 초록이 짙다. 소박한

개망초는 낮고 얇은 줄기 위로 하얗고 노란 작은 꽃들이 살포시 얼굴을 내밀고 있다.

멀리서 보면 마치 작은 들국화 같지만, 다가가 들여다보면 꽃잎은 한 겹, 두 겹으로 가볍고 여리며, 꽃의 구조는 단순하면서 아름답게 보인다.

개망초는 초여름 산책길의 가장자리를 수놓듯 무리를 지어 피며, 연약해 보이지만 햇빛과 비바람을 견디며 뿌리 깊이 뻗는다. 개망초는 어떤 꽃보다 먼저 피고, 단정하고도 맑다.

인왕산의 바람은 오후가 되면 천천히 불어오고, 개망초는 그 바람 따라 조용히 몸을 맡긴다. 성곽의 돌담 아래, 바위틈 옆, 사람들의 발길이 스쳐 지나간 자리에 묵묵히 피어난 꽃으로 꽃잎 하나하나가 말없이 여름을 이야기하고 있다.

누군가에게는 스쳐 지나갈 이름 없는 들꽃일지 몰라도, 산책길에서 마주한 개망초 한 송이는 여름에 인왕산의 가장 낮은 자리에서 하얀색과 노란색의 이쁜 모습으로 우리를 바라보고 있다.

3.4 희망의 연보라색 꽃 벌개미취

벌개미취는 쌍떡잎식물 초롱꽃목 국화과의 여러해살이풀로 습지에서 자란다. 높이 50~60cm이며 꽃은 6~10월에 피는데 연한 자줏빛이며 지름 4~5cm로서 줄기와 가지 끝에 1송이씩 달리며, 열매는 11월에 익는다.

7월 중순 수성동계곡의 습한 바위틈 사이로, 건조한 환경보다는 적당히 습기 있는 곳에서 생육이 왕성한 벌개미취가 크지 않은 은은한 보랏빛으로 피어난다.

많지 않지만 고요하게, 낮은 곳에서 피어난 소박한 꽃잎들이 바람에 흔들리며 계곡의 고요함에 색을 더하고, 햇살을 머금은 가는 줄기엔 여름 속에서도 담담한 정취가 깃든다.

벌개미취는 지름 약 3~4cm의 작은 꽃 머리를 가지며, 주변의 식물들에 비하면 작고 낮은 키로 피어난다. 하지만 여러 송이가 무리 지어 피며 전체적으로 보면 은은한 보랏빛 물결처럼 주위 풍경을 채운다.

벌개미취 꽃이 6월에서 오랫동안 피어 있는 그 모습은, 산속 작은 위로처럼 조용히 다가온다.

3.5 성곽 바깥길에 선명하게 피어난 주황과 노란 숨결의 금잔화

금잔화는 국화과에 속한 한해살이풀로, 높이가 30~60cm 정도로 자란다.
꽃은 7~8월에 주황색·노란색 등으로 피며, 밤에는 오므라든다.

7월 중순 인왕산 성곽길의 바깥길, 바위와 흙 사이로 난 좁은 오솔길을 따라 걷다 보면 바닥 가까이에서 햇살처럼 피어나는 꽃들이 있다. 이름 그대로 '금빛 잔'처럼 둥글고 단아한 꽃으로 햇살을 머금은 작은 해처럼 눈이 부시다.

햇살 머문 자리에 금잔화가 피어난다. 성곽 돌담을 따라 이어지는 길 위에 노란 금잔화와 주황빛 금잔화가 하나둘 피어나고 있다. 꽃잎은 7월의 강한 햇살 아래서도 지치지 않고 오히려 빛을 받아 더 선명하게 피어난다.

작고 둥근 꽃송이가 반짝이는 금빛처럼 고요히 흔들리는 금잔화는 짙은 초록 속에서 선명하게 떠오른 주황과 노란빛은 뜨거운

여름에도 오래 기억이 되어 여운을 남긴다.

인왕산의 성곽 아래 길을 따라 피어난 금잔화들은 그냥 꽃이 아니다.

3.6 여름의 문턱에서 피어난 인왕산의 백합과 비비추

6월 하순, 인왕산은 초여름의 햇살과 녹음이 깊어지며 조용히 피어나는 두 꽃이 있다. 하나는 고요함을 담은 백합, 다른 하나는 그늘진 풀숲에서 피어나는 연보랏빛 비비추다. 백합은 밝은 곳에서 피고, 비비추는 그늘에서 조용한 색으로 피어난다. 백합과 비비추는 서로 닮지 않았지만, 모두 인왕산의 초여름을 완성하는 존재들이다.

백합은 외떡잎식물 백합과이며 여러해살이풀로, 높이는 30~100cm이다. 잎은 길고 좁은 형태로 짙은 녹색이며 매끄럽고 윤기가 난다. 꽃은 6월~8월에 피며, 크고 꽃부리는 6갈래이며, 흰색·분홍색·주황색 등 다양하다.

인왕산의 6월 하순, 백합은 대지의 품에서 우아하게 피어난다. 다양한 색상의 꽃잎은 햇살을 받아 반짝이며, 초여름의 맑고 상쾌한 공기 속에 향기를 퍼뜨린다. 길고 매끄러운 녹색 잎은 바람에 살랑이며, 꽃의 아름다움을 더욱 돋보이게 한다.

백합은 햇빛과 배수가 좋은 토양에서 그 진가를 발휘하며, 여름의 시작을 알리는 화려한 서곡이 된다. 햇빛과 바람을 맞으며 피어난 백합은 생명의 강인함을 느끼게 하며, 산책하는 이의 마음을 사로잡는다.

비비추는 용설란아과의 여러해살이풀로, 잎은 진녹색이다. 꽃은 연보라인데 7월 중순에 총상꽃차례로 달리며, 종 모양의 꽃잎은 6갈래로 갈라져 있다.

인왕산의 6월 하순, 비비추는 은은한 보랏빛 꽃을 피워 산속을 물들인다. 길고 넓은 녹색 잎은 바람에 흔들리며, 긴 꽃줄기 끝에 종처럼 매달린 연보라색 꽃송이들이 고개를 숙이고 피어난다.

연보랏빛 비비추는 나무와 바위가 만들어주는 반음지 아래에서 넓은 잎 사이로 조용히 꽃대를 세운다.

'비비추'는 '비비다'는 말에서 넓은 잎이 바람에 서로 부딪히는 소리에서 비롯된 이름이라고 한다. 겉보기에는 수줍고 낮은 식물이지만, 그늘 속에서도 꿋꿋이 자라는 생명력이 강하다.

3.7 산에 가야 맛을 볼 수 있는 벚나무의 열매(버찌)

장미과에 속하는 낙엽성 교목이다. 봄철에 5장의 오목한 꽃잎으로 구성된 꽃이 긴 꽃자루의 끝에 피며, 버찌를 열매로 검게 익는다.

6월 중순의 인왕산은 햇볕이 나날이 진해진다. 바람은 여전히 산뜻하지만, 나뭇잎 사이로 스미는 햇살엔 여름이 묻어난다. 이맘때 성곽 아래 산길을 걷다 보면, 벚나무 아래 바닥에 동그랗고 까만 열매들이 소복이 떨어져 있는 모습을 만난다. 그 조용한 흔적들이 바로 버찌, 벚나무의 열매다.

벚꽃이 한창이던 봄날, 화사하게 피었던 꽃잎은 어느새 모두 지고, 그 자리에 작은 생명이 맺혔다. 버찌는 5월 말부터 맺히기 시작해 6월 중순이면 완전히 익는다. 처음엔 연둣빛이었다가 점점 붉어지고, 가장 잘 익은 건 검붉은 보랏빛으로 변한다.

익은 버찌는 작고 동그랗고 윤기가 흐른다. 손톱만 한 열매 하나에 햇살, 비, 바람이 깃들어 있다. 손에 쥐면 촉촉한 감촉이 느껴지고, 살짝 입에 넣으면 달큼한 맛 뒤에 가벼운 쌉싸름함이 남는다. 익지 않은 열매는 떫고, 너무 많이 먹으면 배탈이 날 수도 있지만, 한두 알 조심스레 따 먹는 맛은 산에서만 누릴 수 있는 은밀한 기쁨이다.

어릴 적 버찌를 따서 먹곤 했다. 하지만 도심 속 인왕산에서 만나는 버찌는 왠지 더 귀하고 고요하다. 아무도 주워 가지 않은 검은 열매들이, 성곽길 아래 흙 위에 떨어져 있는 모습은 묘하게 쓸쓸하고 아름답다.

벚나무는 꽃으로 찬란하고, 그늘로 시원하고, 열매로 조용히 생명을 남긴다. 6월 중순, 인왕산 산책길을 걷다 벚나무 아래에 멈춰 서면, 땅 위에 내려앉은 작은 검은 점들, 그것은 시간의 흔적이자 계절의 속삭임이었다.

산에 가야 비로소 만날 수 있는 맛, 오롯이 계절 안에 사는 이들을 위한 자연의 작은 선물, 그것이 바로 벚나무 열매 버찌다.

3.8 해골바위 아래, 조용히 피는 하얀 숨결의 팥배나무

팥배나무는 장미과 팥배나무 속 식물로, 높이는 10~20m이다. 꽃이 배꽃 같고 열매가 팥과같이 작다. 5월에 흰색 꽃이 피며, 작고 여린 듯 보이는 연한 녹색의 팥배나무 열매는 붉은빛 열매로 9~10월에 익는다.

7월 중순의 인왕산, 인왕산 어린이 동산을 지나 소나무 숲을 오르다 묵직한 침묵의 바위인 해골바위를 만난다.

인왕산의 팥배나무는 보통 봄에서 초여름 사이에 흰색의 작은 꽃이 핀다. 꽃은 5월 말에서 6월 초, 그리 오래 피지 않는다. 며칠 머물다 이내 떨어지지만, 그 자리에 작은 열매가 자라기 시작한다. 작고 흰 다섯 장의 꽃잎이 모여 한 송이 꽃을 이루고, 그런 꽃들이 가지마다 어지럽지 않게 달려 있다. 이후 여름이 되면서 열매가 맺히기 시작한다.

해골바위 아래 팥배나무의 하얀 꽃은 이미 지고, 익지 않은 상태인 녹색의 열매가 보인다. 팥배나무 열매는 대개 6월 하순에서 7월 사이에 녹색으로 나타나 시간이 지나면서 9월이 되면 점차 붉은색이나 주황색으로 익어간다.

처음에는 푸르고 작지만, 시간이 흐르며 점점 붉은 기운을 띠게 된다. 가을이 오기 전, 팥알처럼 작고 붉은 열매가 탐스럽게 익어가기에 팥배나무이다.

초기의 팥배나무의 연둣빛 열매에서 성장하는 학생들의 모습을 보았다

아주 엷은 연둣빛 청록색 열매는 햇빛을 받아 반짝이며 아직 성숙하지 않은 팥배나무의 어린 열매는 아직 아무 맛도 향도 없다. 하지만 그것이 바로 자연이 우리에게 보여주는 기다림의 시간이다. 모든 것은 한 번에 익지 않으며, 아름다움은 대개 그 중간 어디쯤에서 태어난다.

열매들을 보며 학생들을 생각한다. 아직 덜 익었기에 앞으로 가능성이 있기에 여기에서 성장하는 학생들의 모습을 보았다.

붉게 물들 그 열매들이 지금은 연둣빛으로

바람 한 줄기가 지나가고, 가지들이 아주 조용히 흔들렸다. 열매들은 떨어지지 않았다. 작고 여린 듯 보이지만, 그 안에는 제 몫의 여름을 견딜 준비가 단단히 깃들어 있었다. 언젠가는 붉게 물들 그 열매들이 지금은 연둣빛으로 시간을 품고 있는 모습은, 마치 우리 삶의 한 단면을 들여다보는 것 같았다.

인왕산에서 바라본 팥배나무는 봄에는 하얀 꽃, 여름에는 푸른 잎과 연둣빛 열매, 가을에 붉은 열매와 단풍, 겨울까지 남는 열매의 모습에서 사계절 동안 많은 것을 보여준다.

3.9 여름부터 익어가는 딱총나무

딱총나무는 현화식물문 목련강 산토끼목 연복초과 딱총나무속 낙엽 떨기나무로, 줄기는 높이 4~6m이다. 꽃은 5~6월에 가지 끝의 원추꽃차례에 피며, 노란빛이 도는 녹색이다. 열매는 7~8월에 붉게 익는다.

여름의 인왕산은 녹음이 제빛을 찾기 시작한다. 진한 녹색이 산자락을 덮고, 이따금 그 잎 사이로 작고 하얀 별 무리 같은 꽃이 핀다. 그것은 그늘을 좋아하고, 바위 옆이나 숲 가장자리에 조용히 자리 잡은 딱총나무다.

딱총나무의 줄기는 가늘고 곧으나 줄기 속은 비어 있다. 아이들이 그 속을 뚫어 장난감 총처럼 '딱총'을 만들어 놀았다 해서 '딱총나무'라는 이름이 붙었다.

인왕산의 딱총나무는 대개 5월에서 6월 사이에 가지마다 작고 흰 꽃들이 산뜻하게 피어난다. 꽃은 마치 작은 우산처럼 펼쳐지고, 각각의 꽃은 다섯 장의 꽃잎을 갖고 있다. 꽃이 진 자리에는 시간이 지나면 열매가 형성되기 시작하며, 열매는 여름 동안 자라다가 8월에서 9월 사이에 익으며 검붉은 색을 띤다.

무성한 풀잎 사이, 그늘진 산책길 옆에서 하얀 꽃을 달고 선 딱총나무는 눈에 잘 띄지 않지만, 서서히 산책하는 이는 누구나 그 소박한 아름다움 앞에 걸음을 멈추게 된다.

3.10 여름 햇살에 탐스러운 열매 맺는 복숭아

복숭아나무는 장미과에 속하는 교목성 낙엽과수이다. 높이는 6m 정도이고 꽃은 연한 홍색으로 4~5월에 잎보다 먼저 피고 열매는 8~9월에 익는다.

인왕산의 6월 초순은 봄과 여름이 손을 맞잡는 시간이다. 연초록 잎이 무성하게 하늘 향해 뻗고, 숲길 아래로는 햇빛이 드문드문 흘러내린다. 이맘때, 산자락 어디쯤에서 조용히 자라나는 열매가 있다. 바로 복숭아나무에 맺히는 아직 작고 여린 복숭아들이다.

봄에 연분홍 꽃잎을 흩날리며 사람들의 마음을 흔들던 복숭아나무는, 이제 그 꽃의 자리를 서서히 열매로 바꿔가고 있다. 6월 초순의 복숭아는 아직 익지 않아, 겉은 연두색에서 연분홍빛으로 옅게 물들고 있다. 둥글고 작은 열매는 가지 끝마다 조용히 매달려, 무게를 알리는 듯 잎을 살짝 늘어뜨린다.

가까이 보면 열매 겉은 뽀송한 털로 감싸고 있고, 손으로 만지면 마치 아이의 뺨처럼 부드럽다. 아직 단맛이 오르기 전이라 사람은 먹지 않지만, 산짐

승이나 새들은 벌써 그 향기를 안다. 인왕산 숲의 생명들에게도 여름을 준비하는 자연의 선물이다.

햇살이 드는 곳마다 조금씩 색이 달라지고, 바람결에 열매가 살짝 흔들릴 때마다 계절이 익어가는 소리가 들리는 듯하다. 아직은 말랑하지도, 향기롭지도 않지만, 이 열매는 곧 다가올 여름의 풍요를 조용히 약속하고 있다.

복숭아 열매는 화려하게 피지 않지만, 묵묵히 매달리고 천천히 익는다. 조급하지 않고, 자연스럽게 성곽 아래 산길을 걷다가 나뭇가지 사이로 보이는 작은 복숭아 하나를 보고 반가운 마음에 조심스레 바라본다.

3.11 인왕산의 숨결 위에 피어난 흰 꽃, 쉬땅나무

쉬땅나무는 쌍떡잎식물 장미과의 낙엽 관목으로, 높이는 약 2m이다. 잎은 어긋나고 깃꼴겹잎이며, 꽃은 초여름이 시작되는 6~7월에 흰색으로 피며 가지 끝의 복총상꽃차례에 많이 달린다.

6월 하순, 인왕산의 숲길은 이미 초록이 무르익어 간다. 바위틈 사이 성곽 아래의 산책길에서 한 나무가 조용히 꽃을 피우고 있다.

쉬땅나무는 산기슭의 햇볕 잘 드는 곳이나 바위 옆에서 잘 자란다. 6월 중하순에서 7월 초까지 인왕산의 여름이 본격적으로 시작되기 전, 쉬땅나무 꽃은 작고 흰빛을 띠며 여러 송이가 모여 멀리서 보면 마치 안개 한 줌이 가지 끝에 걸려 있는 것 같다.

쉬땅나무 꽃은 바람이 불면 하얀 눈송이가 흩날리는 듯한 모습으로 보인다. 꽃은 작고 하얀 색깔을 띠고 있어 움직임은 마치 춤을 추는 듯한 느낌을 준다. 그 모습은 마치 하늘에서 내려온 눈송이가 산을 덮는 듯하다.

은은하고 달콤한 꽃향기는 신선한 꽃다발을 연상시키며, 자연의 순수함과 상쾌함을 느끼게 해주어 산책하는 이의 마음을 사로잡는다

쉬땅나무는 여름의 정취를 더하며 인왕산의 풍경을 더욱 아름답게 만든다. 꽃이 지고 나면 붉은색의 작은 열매를 맺으며 또 다른 계절을 준비한다.

3.12 밤에 피어 은은한 빛을 발하는 달맞이꽃

달맞이꽃은 쌍떡잎식물 도금양목 바늘꽃과의 두해살이풀로 뿌리에서 1개 또는 여러 개의 줄기가 나와 곧게 서며 높이가 50~90cm이다. 달맞이꽃은 7월에 노란색으로 피고 잎겨드랑이에 1개씩 달리며 지름이 2~3cm이다.

수성동계곡의 저녁 햇살이 기울 무렵이면 달맞이꽃이 조용히 꽃잎을 연다. 하루를 마무리하는 산그늘 아래, 연한 노란빛이 어둠을 물들이듯 퍼지고, 고요하게 피어남은 달빛처럼 맑고 단정하다. 짧은 생을 살지만, 그 순간만은 누구보다 찬란하다.

달맞이꽃은 꽃이 해가 지고 난 뒤 꽃봉오리가 열리기 시작해 저녁 무렵부터 밤사이 활짝 피기 시작해 달이 뜰 즈음 가장 아름답게 피어나고 다음 날 아침이 되면 시들어버린다. 조선시대 사람들은 "달을 맞이하듯 피는 꽃"이라 하여 달맞이꽃이라 불렀다고 한다.

달맞이꽃은 저녁에 피었다가 아침 햇살 아래 시들어버리므로, 하루도 채 되지 않는 짧은 시간 동안 꽃을 피웠다가 지는 일일화이다.

다만 줄기 한 포기에서 여러 송이가 번갈아 피기 때문에, 전체적으로는 오랜 기간 피어 있는 듯 보이지만 각각의 꽃은 짧은 생을 산다. 그래서 짧은 생을 살지만, 그 순간만은 찬란하다.

3.13 노란 즙의 애기똥풀

애기똥풀은 쌍떡잎식물 양귀비과의 두해살이풀로 높이가 30~80cm이다. 꽃은 5~8월에 황색으로 피고 꽃의 지름은 2cm이다. 꽃받침 조각은 2개이며 길이 6~8mm의 타원 모양이고 일찍 떨어진다.

수성동계곡 애기똥풀이 봄빛에 기대어 피어난다. 노란 꽃잎은 작고 앙증맞지만, 줄기를 자르면 진한 노란 유즙이 흐른다. 소박한 풀 한 포기에도 숨겨진 생명의 기운은 계곡의 바람결 따라 조용히 번져 나간다.

애기똥풀은 4월~6월 사이에 노란 꽃을 피우며, 7월 중순에는 대부분 꽃이 지고, 길쭉한 열매가 맺히는 시기이다. 수성동계곡처럼 그늘지고 습한 곳에서는 산발적으로 늦게까지 꽃이 피기도 한다.

줄기를 꺾으면 선명한 노란색 유액이 흐르는데, 애기똥풀이라는 이름은 줄기나 잎을 자르면 나오는 노란 유즙(유액)의 색 때문에 붙은 이름이다.
* 애기(어린아이) 똥(유즙의 색이 노란 아기 변을 연상) 풀(초본식물)

그늘진 자리에서도 꿋꿋이 피어나는 모습은 단단한 자연의 의지를 닮았다.

3.14 인왕산 선바위 가는 길, 소나무 군락지

소나무는 소나무목 소나무과에 속하는 상록성 겉씨식물로 침엽수이다. 꽃은 암꽃과 수꽃으로 나뉘어 4월~5월에 피며, 열매는 솔방울이 여름 동안 자라서 가을이 되면 완전히 익어 씨앗을 떨어뜨린다.

7월 중순 인왕산 정상으로 향하는 둘레길 어귀, 인왕산 무악 어린이 동산에서 인왕산 선바위 가는 길에서 바위 속의 시간을 쉬게 하는 소나무 군락지를 만난다. 소나무는 인왕산처럼 암석 지대와 산악지형에 강하게 자생하며, 냉해·비바람·추위에도 견뎌내는 수종이다.

햇빛 속을 오르다가도 그 그늘 속에 들어서면 몸도, 마음도 갑자기 조용해진다. 도성(都城)과 함께한 소나무 숲의 소나무는 바람을 막지 않는다.

소나무는 사시사철 푸르름을 유지하고 산의 정상 부근에서 우뚝 솟은 모습은 자부심과 신뢰를 주는 듯하다.

소나무는 "강인함"과 "불변"을 상징한다. 어떤 어려움에도 흔들리지 않고, 변하지 않는 신념을 유지하는 모습은 교사로서의 삶과도 닮아있다. 교사는 늘 학생들을 위해 변함없이 서 있어야 한다는 교훈을 주고 있는 것 같다.

4장
인왕산 가을, 단풍과 열매의 계절 🌸

가을 인왕산은 소란스럽지 않게 우리에게 다가온다.

어느 날 문득, 바람의 결이 달라지고, 햇살이 부드러워지면 말없이 계절을 받아들이는 법을 안다.

이곳의 가을은 서두르지 않고 잎 하나, 꽃 한 송이, 바위의 그림자까지도 자신의 속도로 천천히 가을을 품는다.

흔들림 속에서 피어나는 가을의 문턱 코스모스

인왕산 성곽길 둘레길을 따라 걷다 보면 크지 않고, 색도 화려하지 않지만 바람이 불 때마다 몸을 맡기듯 흔들리는 코스모스가 반갑게 맞아주어 고마운 마음이 든다.

코스모스 꽃을 보며 생각한다. 꽃이 흔들리는 건 바람과 함께 있기 때문일지도 모른다.

인왕산의 가을은 코스모스를 닮았다. 가만히 서 있지 않아도 괜찮은 계절. 흔들리면서도, 중심을 지키는 꽃인 코스모스꽃이 보이면 한 해를 서서히 보내야 하는 느낌이 든다.

단풍, 나무가 보내는 편지

인왕산 산길을 오르다 보면 단풍나무와 느티나무가 하나둘 옷을 갈아입기 시작한다. 처음엔 나무 가장자리부터 붉어지다가 이윽고 나무 전체가 타오르듯 물들고 만다.

인왕산 가을의 나무는 마치 자신의 마음을 편하게 천천히 털어놓는 것 같다.
누가 말을 걸지 않아도 무슨 말을 하지 않아도 붉고 노란 잎사귀 하나하나가 이 가을 계절의 진심을 우리에게 건넨다.

인왕산에 고요한 향기로 맞이하는 국화

인왕산 인왕사로 가는 길목, 돌담 아래 작은 화단에 국화가 피어 있다.

여름의 꽃이 뜨거운 열정이라면, 가을의 국화는 조용한 지혜라고 표현하고 싶다. 국화꽃의 향기가 느껴지고, 오래 보아야 아름다움을 알 수 있다.

국화를 보며 말을 줄이는 법을 배운다. 강하지 않아도 조용히 피어 있어도 충분히 의미 있는 존재가 될 수 있다는 것을 알려주고 있다.

인왕산 가을 바위와 그림자, 사색의 자리

인왕산 가을 햇살이 바위에 드리우면 인왕산의 능선이 마치 시인의 휴식처처럼 느껴지게 된다.

나는 바위 위에 앉아 사방팔방의 도시를 내려다본다. 멀리서 보면 모든 게 작아지고, 높은 데 오르면 생각이 단순해진다.

가을의 인왕산은 무언가를 '얻으러' 오는 산이 아니라, 무언가를 '내려놓으러' 오는 산이다. 그래 이 가을에 편안한 마음으로 내려가리라.

인왕산을 천천히 내려가노라면 서서히 가벼워지는 마음

인왕산 성곽길을 따라 천천히 내려오면서 나는 앞에 보이는 잎 하나를 주워본다. 내 손에 살며시 올려놓으니 말 없는 응원이 들려온다. "그동안 참으로 잘 버텨왔네요, 그리고 잘 걸어왔네요."라고 말이다.

가을은 누구에게나 떠남의 계절이지만, 인왕산에서 가을은 비워내는 연습이 되고 있다. 꽃은 질 준비로, 나무는 잎을, 바위는 햇살을 잠시 품고 있다가 내려놓는다.

나는 이 가을의 인왕산에서 말보다 긴 호흡으로 나 자신과 조금 더 가까워지는 법을 배우고 있는지 모른다.

4.1 인왕산 산책길에서, 붉게 물든 단풍나무

단풍나무는 쌍떡잎식물 단풍나무속의 낙엽활엽 교목으로, 크기는 10m이다. 꽃은 4월~5월에 핀다. 잎 길이는 5~6cm로 잎이 손바닥을 펼친 모양으로 5~7갈래로 갈라져 있고, 가을에 붉은색이나 노란색으로 곱게 물이 든다.

일반적으로 단풍나무는 단풍나무속에 속하며 잎이 붉게 물드는 종들을 말하며, 세계적으로 128여 종이 있다.

인왕산에 가을이 오면 단풍나무는 붉고 노란색으로 변하여, 산 전체를 물들인다. 단풍나무의 색이 변하는 과정은 가을이 깊어진다는 것을 의미한다.

단풍나무는 우리에게 변화와 성숙을 가르쳐준다. 단풍은 나무가 살아온 시간의 흔적이며, 시간이 지나며 변화하는 단풍의 모습을 보며 변해가는 우리의 모습을 볼 수 있다. 이 변화 속에서 가끔 진정한 아름다움을 찾게 된다.

인왕산 산책길에서 붉은 단풍나무를 보며, 가을을 만끽할 수 있어서 참으로 좋다.

4.2 붉은 감이 주렁주렁, 가을빛 물든 인왕산 감나무

쌍떡잎식물 감나무과의 낙엽활엽 교목으로, 높이는 6~14m이다. 꽃은 5~6월에 황백색으로 잎겨드랑이에 달리며, 잎은 7~17cm이며 어긋나고 가죽질이며 타원형의 달걀 모양이다. 열매는 달걀 모양으로 10월에 주황색으로 익는다.

감나무는 가을에 열매를 맺는다. 처음에는 녹색의 감이지만 시간이 지나면서 주황색으로 변하고, 그 맛은 단맛과 떫은맛이 섞여 있다. 감나무는 여름부터 가을까지 천천히 그 열매를 키워간다. 잘 익어가는 감과 함께 가을도 점차 깊어진다.

감나무는 우리에게 인내와 결실을 가르쳐준다. 학생들이 성장하는 과정처럼, 서두르지 않고 천천히 그 열매를 맺어가는 모습은 교사로서 인내와 기다림을 상기시켜 주고 있어 좋아하는 나무의 하나이다.

가을이 되면 주황색의 감이 주렁주렁 열려, 산책로에 따뜻한 느낌을 더해주고 있어 산책길이 더없이 행복해진다.

4.3 인왕정 가는 길, 붉게 익어가는 산딸나무 열매

산딸나무는 층층나무과 낙엽 활엽수로서 높이가 12m이다. 5월 하순~6월 상순경에 흰색 순결한 꽃이 피며 총포가 4장으로 십자가 모양이다. 가을에 새빨간 딸기 모양의 열매가 열린다.

인왕산의 능선은 서서히 가을의 숨결을 품기 시작한다. 아직은 더위가 남아 있지만, 공기 어딘가에는 선선한 느낌이 든다. 인왕정으로 향하는 길목, 작은 붉은 점들을 품고 있는 나무가 눈에 띈다.

산딸나무의 꽃은 사람들의 시선을 끌지만, 가을이 가까워질 무렵에는 꽃 대신 작은 열매들이 열린다. 처음엔 연둣빛을 띠던 열매가 점점 붉게 물들더니, 9월 초가 되면 마치 붉은 구슬처럼 가지 끝마다 맺혀 있다.

산딸나무는 열매가 산딸기 모양이라 불리며, 열매가 익으면 그 맛이 감미로워서 새들의 좋은 먹잇감이 되고 있다.

햇살을 한껏 머금은 가지 위에서, 산딸나무 열매는 말없이 가을을 알린다.

4.4 가을바람에 흔들리는 인왕산의 코스모스

코스모스는 쌍떡잎식물 초롱꽃목 국화과의 한해살이풀로, 줄기는 높이가 1~2m이다. 잎은 마주나고 2회 깃꼴로 갈라지며, 꽃은 6~10월에 핀다.

가을이 오기 전, 여름의 끝자락에 인왕산 성곽길을 걷는다. 돌담은 오랜 세월을 지나며 그 틈새마다 바람은 지나간다. 어느 날, 그 바람이 데려온 듯한 꽃들을 만난다. 가느다란 줄기 위에 수줍게 피어난 분홍빛·흰빛·붉은빛의 코스모스들이다.

가을에 보는 흔들리는 코스모스 사이로 불어오는 바람은 우리의 마음에 있는 걱정거리를 시원하게 씻어주는 느낌을 준다. 코스모스는 환하게 피어나며 고요하게 그리고 당당하게 성곽길에서 피어나고 있었다.

꽃은 바람에 따라 유연하게 흔들린다. 코스모스는 가까이에서 보면 참 단순하다. 단정한 꽃잎 몇 장, 그 속에 살짝 노란 중심의 단순함은 보는 이의 마음을 편안하게 만든다.

성곽 위에 핀 바람, 인왕산의 코스모스를 따라 걷다

나는 잠시 성곽길에서 바람이 불어오는 방향에 서서 코스모스를 바라보며 멀리 도심의 소음이 희미하게 들려옴을 느끼고 있었다. 산 위라고

해서 고요한 것은 아니었다. 코스모스는 조용하지만 강하게, 흔들리지만 무너지지 않는 품격으로 인왕산 성곽길의 가을을 대표하고 있다.

계절은 곧 바뀔 것이다. 코스모스도 언젠가는 지고, 그 자리엔 낙엽이 쌓일 것이다. 오래된 한양도성 길에서 나는 다시 코스모스 꽃을 바라보며 이 정겨운 성곽길을 오늘도 걷고 있다.

4.5 두 계절의 약속, 9월 중순에 열매가 익는 덜꿩나무

덜꿩나무는 인동덩굴과 낙엽 활엽 관목으로 높이는 2~3m이다. 하얀색 꽃은 5월 말~6월까지 꽃이 피고, 열매는 9월~10월에 붉게 익는다.

인왕산을 걷다 보면, 처음엔 낯선 나무들과 마주치게 된다. 그중 하나가 덜꿩나무다. 봄이면 꽃을 피우고, 가을이면 열매를 맺는다. 그리고 그 사이의 계절은 아무 말 없이 기다리고 있다.

덜꿩나무의 꽃은 향기롭지 않다. 특별한 색도 없다. 하지만 그것은 오히려 이 나무가 가진 내면의 깊이를 말해준다. 봄이 와도 서두르지 않고 피어나며, 조용히 지내온 시간의 결실인 열매는 붉은 모습으로 나타난다.

덜꿩나무는 꽃과 열매로 두 계절만을 존재를 알린다. 꽃과 열매 사이의 시간, 아무것도 피어나지 않는 그 길고 조용한 인내의 계절을 묵묵히 지내고 있다.

나무 앞에 서서 우리의 삶을 떠올렸다. 모두가 기억하는 순간은 꽃이 피었을 때, 혹은 열매를 맺었을 때 일지 모르지만, 그 사이를 이겨낸 날들이야말로 삶의 본질이 아닐까.

4.6 붉은 열매 가득, 인왕산의 가을 팥배나무

팥배나무는 장미과 낙엽 활엽 소교목으로, 배꽃과 팥알 같은 열매로 인해 이름이 붙었습니다. 키는 10~15m까지 자라며, 4~6월에 흰 꽃이 피고, 9~10월에 팥알 모양의 열매가 붉게 익는다.

인왕산의 팥배나무는 눈을 돌리는 곳마다 한두 그루씩 있다. 팥배나무는 숲속 건조하고 메마른 땅에서도 잘 자라는 나무이다. 팥배나무의 꽃은 5~6월 하얗게 피는데 꿀이 많아서 벌이 많이 찾아든다.

가을이 되면 인왕산 어느 곳을 가더라도 붉은 열매가 많이 보인다. 그중에 팥배나무가 빠지지 않는다.

팥배나무의 열매는 팥을 닮았고, 꽃은 하얗게 피는 모습이 배나무 꽃을 닮았다 하여 붙여진 이름이다. 붉은 열매의 껍질을 벗겨보면 노란 과육과 씨가 들어있다. 열매의 맛은 시큼한 맛 뒤에 단맛도 있다. 이 가을에 달리는 붉은 작은 열매는 겨울까지 산새들의 좋은 먹이가 되기도 한다.

가을 인왕산의 팥배나무는 산의 풍경을 더욱 풍성하게 만든다. 바람에 흔들리는 잎사귀와 열매는 자연의 조화로운 아름다움을 보여주며, 가을의 깊은 정취를 느끼게 한다.

4.7 작고 조용한 결실, 인왕산의 싸리나무 열매

싸리나무는 쌍떡잎식물 장미목 콩과의 낙엽 활엽수이며, 높이는 1~2m이며 가지를 많이 친다. 싸리꽃은 흰색·연한 분홍색으로 7월~9월까지 핀다. 열매는 9월~10월에 작은 콩 모양으로 익는다.

인왕산 성곽길 자락의 오솔길을 걷다가, 싸리나무를 만났다.

이미 꽃은 진 지 오래고, 가지 끝에는 작고 어두운 열매들이 조심스레 맺혀 있었다. 그 열매는 크지도, 빛나지도 않았다. 겉으로 보기엔 흙빛에 가까운 자주색 혹은 검은빛을 띠었고, 이슬을 품은 듯 은은하게 매달려 있었다.

싸리나무는 그늘을 좋아하고, 습한 땅에서 조용히 자란다. 화려한 존재는 아니지만, 사람들 곁에서 항상 있었다.

작고 둥근 열매를 바라보며 한참을 서 있었다. 싸리나무의 열매는 오래 남지 않는다. 새들의 먹이로, 일부는 이듬해의 싹이 되기도 한다.

가을 인왕산의 싸리나무는 꽃이 진 후 10월에 작은 열매를 맺어 산을 더욱 풍성하게 한다. 부드러운 햇빛과 바람에 흔들리는 열매는 가을의 깊은 정취를 더해준다.

4.8 녹색 잎과 붉은 열매, 인왕산 남천의 가을

남천은 쌍떡잎식물 매자나무과의 상록관목으로, 높이는 1~3m이다. 양성화인 꽃은 6~7월에 가지 끝에 흰색으로 피며, 열매는 10월에 동그란 원형으로 빨갛게 익는다.

10월 중순, 바람은 여전히 선선하고 나뭇잎들은 이제 더 이상 초록을 고집하지 않는다. 산은 조용히 색을 바꾸고 있다. 붉고, 노랗고, 갈색의 색으로 서두르지 않고 천천히 변하고 있었다.

인왕산 어린이 동산을 지나가다 보면 남천을 만나게 된다. 남천은 꽃도 불도 아니었지만, 멀리서 보면 마치 작고 부드러운 불꽃처럼 산길을 환하게 밝히고 있었다.

햇살을 받아 불그스름하게 빛나는 잎사귀들, 그리고 그 사이로 촘촘히 맺힌 붉은 열매들은 탐스럽게 보인다. 햇빛을 마주하면 그 붉음은 투명하게 빛나고, 그늘 속에서는 진한 붉은 색상으로 우리를 사로잡는다.

남천의 열매는 매끈하고 단단한 붉은 구슬 모양으로 가지 끝에 매달려 붉게 익어가면서도 아무렇게나 떨어지지 않는다.

우리의 삶도 때로는 붉게 익어가는 순간이 필요하듯이 크게 소리 내지 않아도 누구든 인정해 주고 있고 누가 봐도 아름답게 보이는 순간이 있다.

10월 중순의 남천은 여전히 녹색 잎을 유지하며, 붉은 열매가 돋보인다. 바람에 흔들리는 남천은 자연의 화려한 색채를 드러내며 인왕산의 풍경을 더욱 풍성하게 만들고 있다.

4.9 인왕정 주변의 옻나무

옻나무는 옻나무과의 낙엽 교목이다. 서늘한 기후에서 잘 자라는 편이며, 높이는 10m 내외이다. 나무껍질은 회백색이고 잎은 20~40cm이고 7~19장의 겹잎이다. 5~6월쯤에 잎겨드랑이에서 황록색의 작은 꽃이 송이 모양으로 핀다.

9월 중순의 인왕산은 변화를 예감하는 계절의 초입에서, 긴 호흡을 고르고 있었다.

나는 인왕정 데크에 올랐다. 바람이 부는 방향으로만 움직이는 나뭇가지들 속에서 낯익지 않은 꽃송이 하나가 시선을 끌었다. 옻나무였다. 사람들에게 옻나무는 '닿지 말아야 할 나무'라는 인식으로 남아 있다. 알레르기를 일으키기도 하고, 손대면 안 되는 나무로 알려져 있다.

작고 희고, 가지런히 피어난 꽃들이 가을 햇살을 받으며 도드라지지 않고 향기롭지도 않은 무색무취의 존재감으로 나에게 다가왔다.

인왕정 데크 위에서 바라보는 옻나무꽃은 어딘가 소란스러운 세상과 등진 채 자신만의 계절을 살고 있는 듯했다.

옻나무꽃은 작고 희미한 꽃송이들 사이로 하나하나를 떼어놓고 보면 가지 끝에 무리를 지어 피어 그 조형은 마치 어떤 의식처럼 느껴진다. 조용하지만 단호하게, 눈에 띄지는 않지만 끝내 피어나고야 마는 생명의 의지를 보여주고 있었다.

옻나무는 누구를 향해 피는 것이 아니라, 누군가 보든 말든 상관없이 꽃은 피어야 할 때 피어난다. 그것이 옻나무꽃이 가르쳐주는 생의 방식이었다.

옻나무는 조용히 그러나 분명하게 자기 삶의 중심에 서 있었다. 자신을 위해 스스로 꽃을 피우는 나무가 되기를 바라며 서서히 발걸음은 산 아래로 향하고 있었다.

4.10 성곽길 바닥에 내려앉은 노란 숨결, 금잔화

금잔화는 쌍떡잎식물 국화과의 한해살이풀로 높이는 30~50cm이다. 파종은 3월 말~6월 초이며 7~9월에 주황색·노란색 등 주로 황색 계통의 꽃이 피며 밤에는 오므라든다.

여름의 열기가 한풀 꺾이고 선선한 바람이 불기 시작하는 시기에, 금잔화는 인왕산 성곽길의 가장 낮은 자리에서 조용히 고개를 든다.

인왕산 성곽길의 바깥길, 바위와 흙 사이로 난 좁은 오솔길을 따라 걷다 보면 가만히 말을 거는 노란 꽃들이 있다. 화려하지도 높이 솟아 있지도 않지만, 햇살처럼 피어나는 꽃이 금잔화다. 이름 그대로 '금빛 잔'처럼

둥글고 단아한 꽃은, 햇살을 머금은
작은 해처럼 눈이 부시다.

인왕산 성곽길 바깥
길로 피는 금잔화는
바람 많은 환경에
서는 더 작고 단정
하게 피어난다.

꽃잎은 겹겹이 포개져 있으며, 끝이 살짝 말려 있어 바람이 불면 잔물결처럼
흔들린다. 색은 짙은 노랑에서 연한 황금빛까지 다양하게 번지고, 이른 아침
이슬을 머금은 모습은 마치 유리잔 안의 금빛 차를 보는 듯하다.

줄기는 연약해 보이지만, 건조한 흙길과 뜨거운 햇볕을 견디며 강한 생명
력을 보여준다. 뿌리가 길게 퍼지며 땅을 붙잡고, 씨앗은 바람에 날려 그
다음 해에도 같은 자리에 다시 피어난다.

인왕산 성곽 아래, 오랜 돌담의 시간과 함께 걷는 이 길에서 금잔화는
도시의 가을을 조용히 알린다. 높이 뻗지 않고 낮게 피어나, 숙여본 고개
끝에서 자연이 들려주는 가장 조용한 계절의 인사를 듣는다.

4.11 인왕산 자락의 야생 국화

국화는 쌍떡잎식물 국화과에 속하는 여러해살이풀로, 크기는
60~120cm이다. 잎은 어긋나고 자루가 있으며, 파종은 5월~6월이며
꽃은 9월~11월에 핀다.

국화는 예부터 아름다움과 품격이 남달라 사군자로 불릴 만큼 누구나 좋아
하고 친숙한 꽃이다. 국화 꽃피는 시기는 6~11월이며, 색상은 노란색·분홍
색·자주색·빨간색·흰색 등 참으로 다양하다.

인왕산 10월 하순의 국화는 가을의 끝자락, 인왕산 능선과 바위틈 사이로 고요하게 피어나는 노란 꽃으로 산국이라 한다. 산국은 도시의 단풍보다 늦게 피어나나 깊은 향기를 머금고 있다.

인왕산 자락에서 자연적으로 자라는 야생 국화를 들국화라 불리기도 하나, 산국은 작고 노란 야생 국화 중 대표적인 종이다.

10월 중순부터 11월 초까지 피며, 서리 내리기 전과 가을의 끝에서 피고 지는 꽃이다. 꽃은 지름 2~3cm로 노란색 꽃잎과 진한 노랑 중심부, 잎은 작고 향기 있는 잎이 어긋나며 톱니 모양이다.

국화는 작지만 당당하게 피어나는 모습에서 절개와 기품을 느낄 수 있고, 시들어가는 계절 속에 오히려 가장 늦게 빛을 내는 꽃이다.

4.12 10월 하순 인왕산의 사루비아

사루비아는 샐비어, 쌍떡잎식물 꿀풀과 한해살이풀로, 30~60cm 크기이다. 파종은 2월~6월에 하며 꽃은 6월~10월에 핀다.

가을 햇살이 부드럽게 내려앉는 인왕산 자락에, 불꽃처럼 선명한 붉은 빛이 언뜻언뜻 모습을 드러낸다. 사루비아는 한 해의 끝자락에서 마지막 정열을 피워 올리는 듯한 꽃이다.

꽃은 6월~10월 하순까지도 피며, 가을까지 생생한 붉은 꽃대를 유지한다. 꽃은 선명한 붉은 색으로 길쭉한 관 모양으로 여러 개의 꽃이 층층이 줄기를 따라 올라간다. 잎은 녹색이며 끝이 뾰족하고 잎맥이 뚜렷하다.

어린 시절 교정에 피어난 사루비아 꽃을 따서 꿀 빨아먹던 옛 생각이 난다.

5장
겨울, 나무들이 쉬어가는 계절 ❀

봄 여름 가을을 거쳐 인왕산의 겨울이 오면 모든 꽃과 나무들이 잠시 쉬어 조용하게 침묵의 계절이 오고 있다.

인왕산 주변의 세상은 모두 얼어붙었지만, 겨울의 인왕산은 말이 없다. 바람도, 바위도, 나무도 그저 조용히 자신의 자리를 지키고 있다. 겨울 인왕산은 자연 자체가 수행의 공간이다. 눈 덮인 암벽과 고요한 경내를 걸으며 비움과 명상의 진수를 체험할 수 있다.

인왕산을 대표하는 건 늘 묵직하고 단단한 바위다. 그리고 겨울의 바위는 그 어떤 계절보다 더 자신을 닮은 표정을 짓는다. 햇빛이 짧아진 오후, 살짝 얼음이 맺힌 바위에 앉아 있으면 몸이 시려오면서도 마음은 이상하게 따뜻해진다.

밤새 눈이 내린 날의 인왕산은 도시보다 먼저 조용해진다. 인왕산 겨울 눈은 모든 것을 덮는 용서를 실천하는 듯하다. 성곽 위에 조용히 내려 앉은 흰 눈은 오랜 역사의 무게를 잠시 감싸안고, 여러 기억을 부드럽게 덮는다.

인왕산에 내리는 눈은 모든 걸 덮어주고, 나무는 잎을 떨군 앙상한 가지만 남고, 듬직하고 굳건한 바위는 겨울 인왕산을 지키고 있다.

인왕산의 겨울은 꽃도 색도 없지만 그 고요함 속에 소나무와 동백은 찬란한 봄을 기다리면서 새로운 시작을 준비하고 있다.

이렇듯 인왕산의 꽃과 나무들은 계절마다 다채로운 모습을 보여준다. 그들은 각기 다른 메시지와 교훈을 주며, 우리는 그 속에서 자연과 사람의 삶이 어떻게 연결되는지를 배우게 된다.

5.1 인왕산의 겨울을 지키는 소나무

소나무는 소나무목 소나무과에 속하는 상록성 겉씨식물로 침엽수이다. 꽃은 암꽃과 수꽃으로 나뉘어 4월~5월에 피며, 열매는 초록색 솔방울이 여름 동안 자라서 가을이 되면 완전히 익어 씨앗을 퍼뜨린다.

소나무는 인왕산처럼 암석지대와 산악지형에 강하게 자생하며, 냉해·비바람·추위에도 견뎌내는 수종이다.

인왕산 계곡이 이어지는 작은 능선에는 소나무가 많이 있다. 소나무는 볼 때마다 의연한 나무이다. 화강암이 침식하여 만들어진 인왕산에서도 꿋꿋하게 자라는 나무가 소나무이며, 생존력이 강해 자연과 잘 어울리는 이 나무로 이루어진 숲길은 단연 으뜸이다.

찬바람이 인왕산의 바위틈을 헤치고 흐를 때, 소나무는 묵언의 자세로 그 자리에 선다. 눈발이 내려앉은 가지는 하얀 숨결을 머금은 듯 고요하고, 그 아래 굽은 줄기는 세월의 무게를 품은 듯 굳건하다. 거센 계절의 손길에도 소나무는 흔들리지 않는다. 오히려 더욱 푸르게, 더욱 단단하게 제 자리를 지킨다.
흰 눈 덮인 산자락 위, 소나무의 초록은 강인함과 절개, 인내의 상징이다. 언 땅 위에서도 뿌리를 놓지 않고, 눈 속에서도 숨을 쉬며, 소나무는 마치 오래된 시 한 구절처럼, 간결하고 진실하게 겨울을 견뎌낸다.

인왕산 소나무 특징

인왕산 소나무는 암반 지대에 뿌리를 내리고 자라는 경우가 많아, 산림 소나무보다 더 굽거나 뒤틀린 모습이다. 이는 척박한 환경 속에서도 생명을 유지하기 위한 적응의 결과이다.

소나무는 15~20m까지 자라지만, 바위가 많은 인왕산은 작고 왜소한 크기이다. 수직으로 뻗기보다 바위틈을 따라 수평 또는 비스듬히 자라는 경우가 많다.

소나무잎은 바늘 모양의 잎이 두 개씩 짝을 이루어 나며, 길이는 약 8~12cm이다. 소나무껍질은 어린나무는 회갈색이며 매끄럽지만, 나이가 들수록 붉은빛이 도는 갈색으로 갈라져 거칠어진다. 인왕산의 노송은 붉은 껍질이 눈에 띄며 적송'이라 불린다.

소나무의 꽃이 피는 시기는 5월경이며, 바람에 의해 꽃가루를 퍼뜨린다. 소나무의 열매는 솔방울이며, 약 4~7cm로 타원형으로 2년에 걸쳐 이듬해 가을에 익는다.

5.2 눈 속에서도 피어나는 동백꽃

동백꽃은 차나무과로 동백꽃을 피우는 상록활엽 소교목으로 추위와 바람에 강하며, 꽃잎이 겹겹이 쌓여 있다.
동백꽃 색상은 붉은색·분홍색·흰색이며, 꽃은 겨울부터 봄까지 1월에서 3월 사이에 피어난다.

인왕산 자락은 아직 겨울인데 동백꽃은 둥글고 풍성한 모양으로 붉게 피어난다. 차가운 바람과 눈에도 꽃잎을 열고, 짙푸른 잎 사이로 선명한 색을 드러낸다. 하얀 서리마저 녹일 듯한 붉음이다.

동백나무의 잎은 진초록으로 사철을 견디며, 12월에서 이듬해 3월까지 꽃이 핀다. 꽃잎은 한 장 한 장이 바람에 떨어지는 게 아니라, 통째로 '툭'하고 바닥에 떨어진다.

꽃 전체가 한순간에 가지를 떠나 땅으로 내려앉는 모습은 삶의 한순간이 갑작스럽게 끝나는 것처럼, 혹은 완전한 아름다움이 한순간에 사라지는 것처럼 비유될 수 있다.

동백은 쉽게 피지 않고, 쉽게 지지도 않는다. 인왕산의 동백은 눈 속에서도 피어나며 겨울 산길을 걷는 사람들에게 오래도록 기억되는 꽃이다.

2부

인왕산 수성동계곡과
성곽 아래 텃밭

6장
인왕산 수성동계곡에서 만난 꽃과 나무 🌸

4월 초 주말이라 편안한 마음으로 수성동계곡에서 인왕산을 바라보기 위해 아침 일찍 가족들과 함께 집을 나선다.

오랜 세월을 고스란히 품에 안고 인왕산 기슭을 따라 이어지는 길을 걸어 본다. 인왕산 성곽길을 지나 천천히 걷기에 좋은 역사, 문화, 생태 이야기가 있는 길을 따라가다 보면 조용하고 아기자기한 시골 산책로 분위기가 끝없이 이어진다.

어느새 인왕산 수성동계곡을 둘레길에서 만나게 된다. 도시에서는 볼 수 없는 산세, 절, 계곡이 있는 길을 걷노라면 수많은 꽃과 나무를 만나게 된다.

수성동계곡은 시내와 암석의 경치가 빼어나 겸재 정선의 그림에 나온다. 안평대군이 살았던 터인 비애당 정자가 있고, 기린교로 추정되는 다리가 있다. 수성동계곡 비애당에서 바라본 인왕산은 참으로 아름답다.

이곳은 국토·도시디자인전에서 대통령상을 수상하기도 한 아름다운 곳이라 올 때마다 한참 동안 자리에서 떠나지 못한다.

6.1 수성동계곡에서 바라보는 인왕산 치마바위와 진경산수화

인왕산 자락 아래로 고요히 흐르는 수성동계곡에 들어서면 수많은 도시의 소음이 들리지 않는다.

수성동계곡 정면에 바로 보이는 웅장한 바위가 나의 시선을 사로잡는다. 치마바위의 모습은 볼수록 세상을 내려다보는 사람의 형상을 보는 듯하다.

치마바위는 조선의 중종과 왕비 단경왕후의 사랑 이야기에서 유래되었다. 중종이 폐위된 부인을 잊지 못하자 감읍한 부인이 자신의 치마를 매일 바위에 걸쳐 놓았다는 이야기이다. 바위 모양이 주름 잡힌 치마와 흡사해 치마바위라 전해진다.

진경산수화 속 수성동계곡과 인왕산

수성동계곡은 조선 후기 화가들이 사랑한 장소이기도 하다. 겸재 정선은 인왕산과 수성동계곡을 화폭에 담으며 진경산수화라는 새로운 화풍을 일으켰다. 정선의 '인왕제색도'는 이 계곡에서 바라본 인왕산을 웅장하면서도 사실적으로 그려냈다.

수성동계곡은 그의 눈에 단순한 풍경이 아닌, 자연과 인간의 마음이 교차하는 장소였다. 지금도 인왕산을 바라보면 정선이 보았던 치마바위 사이로 소나무가 숲을 이루는 모습이 참으로 아름답다.

수성동계곡의 꽃과 나무, 사계절을 품은 생명들

수성동계곡은 계절마다 표정을 바꾼다. 비애당에서 바라보는 인왕산의 절경은 계절마다 옷을 갈아입고, 사철 다양한 식물들이 사계절을 노래하고 있다.

봄이 오면 3월~4월 초, 바위 틈새로 진달래가 가장 먼저 모습을 드러낸다. 잎보다 먼저 피는 진달래는 계곡 전체에 봄의 기척을 알리는 연분홍 꽃송이다.

4월~5월 초까지 철쭉이 연분홍색·흰색으로 절제된 화려함으로 우리를 반겨준다. 산벚나무도 흰빛과 연분홍의 꽃을 피워 치마바위 옆 풍경에 은은한 생기를 더해준다.

여름이 되면 느티나무·벚나무가 시원한 그늘을 드리우고, 비비추·애기똥풀 같은 야생화들이 바위틈과 산책길을 채운다. 계곡을 흐르는 물은 더위 속에서도 차고 맑으며, 엄마 따라온 아이들의 웃음소리가 계곡에 메아리가 된다. 여기에 계곡에서 부는 골바람은 우리의 여름을 시원하게 해주고 있다.

가을이 되면 9월에서 10월 사이의 단풍나무가 붉게 물들고, 구절초·쑥부쟁이 같은 가을 들꽃이 고요히 피어난다. 치마바위 아래로 낙엽이 흩날릴 때면, 계곡은 가을을 남기고 떠난 사람의 노래처럼 우리의 마음을 시처럼 정적으로 감싼다.

겨울의 수성동계곡은 침묵 속에 있다. 꽃은 모두 지고 나뭇잎도 떨어졌지만, 여전히 바위틈의 소나무는 푸르다. 찬바람에도 흔들림 없는 초록은 이 계곡이 지켜온 시간의 인내를 보여주는 듯하다.

그래서 수성동계곡은 단지 도시의 한 자연공간이 아니다. 그것은 풍경과 역사·예술과 기억·자연과 신화가 어우러진 조용한 무대이다. 바람을 타고 들려오는 물소리와 함께 어느 순간 자연과 하나 되어 오늘을 살아가는 주인공으로서 과거와 미래를 생각하며 수성동계곡을 천천히 지나가고 있다.

6.2 수성동계곡에 핀 겹황매화

황매화는 장미과의 잎 지는 넓은 잎 떨기나무로, 1속 1종만이 존재하는 단형 식물이다. 품종으로 겹꽃이 피는 죽단화를 겹황매화라 한다.

7월 중순의 햇살이 겹겹이 드리운 수성동계곡, 인왕산 자락에 숨어 흐르는 바위 옆 황금빛 꽃송이들이 조용히 피어 있다. 그 꽃은 흔히 볼 수 없는, 겹으로 진하게 맺힌 겹황매화. 어느 봄꽃보다 느리게, 그러나 더 무게 있게 피어난다.

겹겹이 포개진 꽃잎은 마치 한지를 곱게 접어 만든 조선의 옛 연꽃처럼 정갈하고 섬세하다. 노란 황매화는 여름 햇살과 부딪혀 부드럽게 빛나고, 바람이 스칠 때마다 한 겹 한 겹이 흔들리며 속살을 드러낸다.

수성동계곡의 바위틈에서 솟아난 겹황매화는 계곡 바위의 투명함과 여름의 푸르름 속에 단아하게 섞인다. 인왕산의 골짜기가 가진 고요한 위엄과도 어울리는 이 꽃은 소리 없이 피어나고 있었다.

도시의 소음이 멀어지는 이곳에서, 겹황매화는 자신의 시간을 살고 있다. 화려하지도, 눈부시지도 않지만, 그 노란 겹황매화 겹잎 하나하나에는 계절의 의미를 알려주고 있다.

노란 겹황매화에 가까이 다가가면 은은한 향이 인왕산 수성동계곡에 조용히 퍼진다.

6.3 염주가 생각나는 모감주나무

모감주나무는 쌍떡잎식물 무환자나무과의 낙엽 소교목으로, 잎은 어긋나며 1회 깃꼴겹잎이고 작은 잎은 달걀 모양이다. 꽃은 7월에 피고 황색이지만 밑동은 적색이다. 열매는 꽈리처럼 생겼는데 옅은 녹색에서 열매가 익으면서 짙은 황색으로 변한다.

7월 중순 오후, 인왕산 수성동계곡에 핀 모감주나무를 만나고 있었다.

모감주나무를 염주나무라고도 하는데 그 이유는 종자를 염주로 만들었기 때문이다.

모감주나무의 꽃은 화려하지 않다. 꽃은 작고 수수하지만, 무리를 이루어 가지마다 한껏 흐드러지게 피어난다. 꽃잎은 짙은 황금빛을 띠고, 나무 전체가 여름 햇살과 어우러져 한 송이 거대한 불꽃처럼 보인다.

짙은 초록 이파리 사이로 알알이 맺힌 노란 꽃들은 마치 묵언수행 중인 수도승의 염주처럼 조심스럽고 단정했다. 모감주나무는 꽃이 지고 난 뒤 나무는 검은 열매를 맺는데 작고 단단한 열매는 검붉은 광택을 품고 익어간다.

오랜 세월 동안 사람들은 모감주 열매로 염주를 만들었다. 그래서 염주나무라 불린다. 인왕산 산책길에 만난 모감주나무는 염주나무라 그런지 편안한 마음이 든다.

6.4 누리장나무의 하얀 숨결

누리장나무는 쌍떡잎식물 통화식물목 마편초과의 낙엽활엽관목으로, 높이는 약 2m이며 나무껍질은 잿빛이다. 꽃은 양성화로 8~9월에 엷은 붉은색으로 피어난다.

인왕산의 골짜기가 한여름의 푸르름으로 가득한 7월 중순, 계곡을 따라 펼쳐진 넓은 잎 사이로 자줏빛에서 연보랏빛으로 스며드는 작은 꽃들이 가지 끝마다 가느다랗게 피어, 언뜻 보면 들숨과 날숨 사이에 흩어지는 안개처럼 보인다.

여름 볕이 머리를 내리누르는 시간에도 누리장나무는 자신의 잎과 꽃을 늘어뜨린 채 한 점 흔들림 없이 서 있다. 수성동계곡의 바위와 오래된 돌계단 옆으로 묵묵히 꽃을 피우는 모습은 보랏빛이 서로 어우러지며 풍경은 어느 순간 고요한 그림이 된다.

흔히 피는 꽃들처럼 화려하지도 않고, 계절을 휘어잡을 만큼 대단하지도 않지만, 그 조용한 아름다움은 오히려 긴 여운을 남긴다. 수성동계곡의 깊은 고요 속에서 누리장나무는 눈에 띄지 않게 피어나며, 여름의 한 귀퉁이를 은은하게 물들이고 있다.

6.5 화려하지 않은 가죽나무

가죽나무는 가짜 죽나무로 쌍떡잎식물 쥐손이풀목 소태나무과의 낙엽 교목으로 성장이 빠르며 줄기 지름 50cm, 높이 20~25m에 이르고 나무껍질은 회갈색이다.

7월 중순, 인왕산 자락에 기대어 흐르는 수성동계곡은 녹음이 짙어질 대로 짙어진 풍경 속에 조용히 숨을 쉰다. 길을 따라 눈을 들면 굵은 줄기를 곧게 세운 나무 하나가 보이는데, 잎은 성글고 크며 여름 바람에도 묵직하게 흔들리는 가죽나무다.

가죽나무는 줄기는 거칠고 진한 회갈색이며, 가지는 위로 곧게 치솟는다. 투박해 보이지만 나무껍질은 억세고 두꺼워 마치 이름처럼 실제로 가죽처럼 질긴 생을 살아온 듯하다.

여름의 가죽나무는 크고 길쭉한 겹잎을 무성하게 내어 계곡의 햇살을 가려준다. 잎사귀 하나하나에는 거친 질감과 힘이 실려 있다.

잎에 물기가 닿으면 미세하게 진한 향이 배어 나오는데, 약초 같기도 하고, 흙냄새 같기도 하다. 어쩌면 이러한 향은 산속에서 오래 살아남기 위해 만들어낸 고유의 냄새일 것이다.

가죽나무는 예부터 그 껍질과 잎, 뿌리까지도 약용으로 쓰였고, 그 질긴 섬유는 삶을 버텨내는 재료가 되기도 했다. 그늘진 길목에서 이 나무를 만나면 나뭇잎의 그림자는 느슨하면서도 묵직하여 땀방울이 마르기 전에 마음이 먼저 식는다.

6.6 딸기가 생각나는 산딸나무

산딸나무는 층층나무과로 낙엽 활엽수이며 12m 높이다. 꽃은 5월 하순~6월 초에 하얗게 피어나며 열매는 8~9월에 익는다.

산딸나무는 인왕산 성곽 아래와 수성동계곡에서 피어난다. 하얀 꽃잎처럼 보이는 총포(4장)가 바람 속에서 사방으로 퍼지고, 계곡의 맑은 물소리에도 산딸나무가 하얗게 피어 있다.

'꽃'으로 보이는 것은 실제 꽃이 아니라 총포라고 불리는 하얀 잎이며, 그 중심에 작고 연한 황록색의 진짜 꽃들이 모여 핀다. 수성동계곡에서도 이 시기에 하얗게 피어난 산딸나무를 볼 수 있다.

산딸나무는 꽃이 지고 나면 중앙의 꽃자리에 작은 녹색 열매가 맺히기 시작하며, 7월 중순에 녹색의 미성숙한 열매를 볼 수 있다. 이 열매는 점점 붉게 익어가 8~9월에 붉은 딸기 모양이 된다.

바위와 나무 사이로 퍼진 꽃잎이 햇살에 반짝일 때마다 익으면서 가을에 새빨간 딸기 모양의 열매가 되어 산딸나무라 부른다.

6.7 사과를 닮은 산사나무

산사나무는 쌍떡잎식물 장미과의 낙엽활엽 소교목으로 3~6m 크기이다. 5월에 흰색으로 꽃이 피며, 열매는 붉은 사과 모양을 띠며 둥글고 흰 반점이 있다.

수성동계곡의 바위틈과 고요한 숲길 곁, 산사나무가 7월 중순 여름을 묵묵히 지키고 있다.

연초록 열매가 가지마다 맺혀 바람에 살짝 흔들리면, 지난 5월에 하얗게 핀 꽃의 자리를 기억한다.

푸르고 짙어진 계곡의 공기 속에서, 산사나무는 아직 익지 않은 계절을 기다리고 있다. 가을이 오면 붉은 열매가 달려 수성동계곡 풍경에 깊이를 더하게 되리라 기대한다.

이렇듯 조용히 꽃이 피고 열매 맺는 계절의 흐름 속에서, 산사나무는 뜨거운 여름을 보내고 있다.

6.8 부부 금실이 좋은 나무, 자귀나무

쌍떡잎식물 장미목 콩과 낙엽소교목산으로, 높이가 3~5m 크기이다. 잎은 작은 잎들이 모여 하나의 가지를 만들며 밤이 되면 양쪽으로 마주 난 잎을 서로 포갠다.

자귀나무 가지는 드문드문 길게 뻗고, 잎은 부채처럼 펼쳐져 공중을 가볍게 감싸며 퍼져 있다. 자귀나무의 잎은 깃털처럼 가늘고 부드러워, 바람이 불지 않아도 스스로 숨 쉬는 것처럼 흔들린다.

아침에는 더욱 또렷한 초록빛으로 빛나고, 해가 지면 색이 노을빛에 물들면서 잎이 스스로 접혀 서로 맞닿으며 잠드는 특성으로 부부가 서로를 의지하며 함께하는 모습을 연상시킨다. 이러한 특성 때문에 자귀나무는 부부의 화합과 사랑을 상징하는 나무로 여겨지며, 좋은 부부 금실을 기원하는 의미로 사용되기도 한다.

7월 중순이면 자귀나무는 연분홍빛의 꽃들을 피워낸다. 꽃잎은 실처럼 가늘고 부드러우며, 끝이 하늘하늘 퍼져 있어 한 송이만으로도 수성동계곡의 분위기를 환하게 밝힌다.

6.9 다람쥐가 좋아하는 상수리나무

상수리나무는 참나무과로 넓은 잎 큰 나무로 높이는 20~30m로 곧게 자란다. 나무껍질은 어두운 갈색으로 얇은 코르크 상태로, 낙엽수이며 가을에 단풍이 든다.

수성동계곡 깊은 곳, 상수리나무는 묵직한 그늘을 드리운다. 넓고 반질반질한 잎 사이로 쏟아지는 햇살을 고요히 받아내며, 굽은 줄기엔 오랜 시간과 바람의 흔적이 상수리나무에 쌓여 있다.

특히 상수리나무를 다람쥐가 좋아한다. 상수리나무의 열매인 도토리는 지방·탄수화물·단백질이 풍부하여 다람쥐가 겨울철 생존에 필요한 에너지원이다.

또한 상수리나무는 가지가 넓게 퍼지고 굵어서 다람쥐가 오르기 쉽고 둥지를 틀기에 좋은 환경이라 가을에 다람쥐는 도토리를 모아 둥지에 보관하여 겨울을 대비에 좋은 환경이다.

여기에 다람쥐는 저장한 도토리의 일부만 회수하고, 남은 도토리는 새로 싹이 터서 상수리나무의 번식 등 자연의 공생에 도움이 되고 있다.

7월 중순의 상수리나무는 짙은 녹음으로 계곡을 덮는다. 상수리나무의 가지 끝마다 작은 도토리는 연녹색으로 맺히며, 아직 단단히 여물지 않은 그 열매는 숲속 가을을 예고하듯 조용히 자라고 있다.

6.10 빗자루·소쿠리 등 생활 도구 싸리나무

싸리나무는 콩과 낙엽 관목으로, 높이는 1~1.5m이고 가지를 많이 친다. 잎은 세 개의 소엽(小葉)으로 된 복엽(複葉)이며, 7~8월에 꽃이 핀다.

7월 중순 인왕산 수성동계곡 산책길을 따라 걷다 보면, 키는 크지 않고 줄기는 가늘며 꽃은 작고 소박한 싸리나무를 만난다.

낮고 부드러운 줄기를 가지고 있는 싸리나무는 나무라기보다는 풀처럼 가볍고 유연하며, 줄기는 여러 개가 모여서 가늘면서도 탄력 있어 세찬 바람에도 꺾이지 않고 휘어져 버티고 있다.

여름이 되면 싸리나무는 연보랏빛·연한 자주색으로 꽃을 피운다. 소박한 꽃들은 한 줄기에서 줄지어 피는데 오래 보고 있으면 왠지 마음이 정돈되는 기분을 준다.

우리 조상들은 싸리나무를 빗자루·소쿠리 등 생활 도구로 만들어 썼고, 울타리로 사용되기도 하였다. 싸리로 만든 물건은 무겁지 않고 쉽게 망가지지도 않아서 많이 썼다고 한다.

6.11 옻 탔다·옻에 올랐다 주인공 옻나무

옻나무는 옻나무과의 낙엽 교목이다. 서늘한 기후에서 잘 자라는 편이며, 높이는 10m 내외이다. 나무껍질은 회백색이고 잎은 20~40cm이고 7~19장의 겹잎이다. 5~6월쯤에 잎겨드랑이에서 황록색의 작은 꽃이 송이 모양으로 핀다.

비애당 앞, 수성동계곡 바위 곁에 선 옻나무는 강한 기운을 품고 있다. 굽이진 줄기는 세월을 견뎌온 흔적 같고, 초여름이면 연둣빛 잎이 바람 따라 부드럽게 흔들린다.

옻나무는 5~6월에 꽃이 피고, 7월 중순에는 작은 열매가 형성되는 시기이다. 이 시기 옻나무는 짙은 녹음을 이루며, 잎은 넓고 길게 퍼져 여름 햇살을 받아 광합성이 활발히 일어난다.

이 시기에 줄기나 잎에 상처를 내면 끈적한 유백색 수액이 흐르며, 이 수액이 우루시올이라는 알레르기 유발 물질이다. 이 성분이 사람 피부에 닿으면 체질에 따라 심한 피부염 반응이 생기며, 피부가 붓고 붉게 달아오르며 물집이 생긴다.

이를 사람들은 옻 탔다, 옻에 올랐다 한다. 사람 체질에 따라 민감도가 다르므로 어떤 사람은 옻나무 옆에만 가도 증상이 나타나기도 한다.

옻나무는 눈에 띄지 않게 피었다가 지는 꽃으로, 가을이면 은은히 익어가는 열매 속에 나무는 오래된 풍경과 고요한 내력을 함께 품는다.

6.12 비해당 정자의 복숭아나무

복숭아나무는 장미과에 속하는 교목성 낙엽과수이다. 높이는 6m 정도이고 꽃은 연한 홍색으로 4~5월에 잎보다 먼저 피고 열매는 8~9월에 익는다.

7월 중순의 인왕산 수성동 계곡, 그곳에 자리한 비애당 정자의 복숭아나무는 여름의 정취를 가득 품고 있다.
이 시기 무성한 푸르른 잎사귀는 바람에 살랑이며 정자 주변에 시원한 그늘을 드리운다.

복숭아나무는 자연과 인간의 조화로운 만남을 상징하는 아름다운 존재이며, 장수와 불로장생을 상징하기에 전통적인 정원에서 자주 보인다.

봄이 오면 복숭아나무 꽃인 복사꽃은 연분홍빛·분홍색으로 화사한 꽃을 피워내고, 꽃들은 마치 자연이 그린 수채화처럼 부드럽고도 생동감 넘치는 색채로 산책 나온 사람들을 맞이한다.

여름이 되면 푸른 잎사귀가 무성하게 자라나 시원한 그늘을 제공하며, 그 가지 끝에 매달린 작은 열매들은 시간이 지나며 점차 붉은 빛을 띠게 되리라는 기대감이 있으며, 가을에는 탐스러운 열매가 주렁주렁 매달려 풍요로움을 더해준다.

복숭아나무는 단순한 식물이 아니라, 계절의 변화를 통해 자연의 순환을 보여주는 생명의 상징이다.

6.13 붉은 색채의 풍성한 꽃잎을 넓게 펼쳤던 작약

작약은 작약 과에 속하는 여러해살이풀로서, 1m 이하로 하나의 굵은 뿌리에서 여러 개의 줄기가 나온다. 꽃은 5월경에 피어나고, 열매는 8월 중순에 터져서 종자를 뿌린다.

수성동계곡의 7월은 초록은 짙어질 대로 짙어졌고, 잎은 진하고 두툼하며, 정연한 배열 속에서도 어딘지 자연의 자유로움을 담고 있다.

바위 아래 그늘진 자리에서, 뿌리는 땅을 더 깊이 읽고, 잎은 하늘을 조용히 반사한다. 꽃의 계절을 지나온 식물만이 가질 수 있는 고요한 힘, 그것이 지금 이 계절의 작약 나무다.

작약은 5월~6월 사이에 화려한 색채와 풍성한 꽃잎으로 붉게 꽃을 피운다.
작약의 꽃은 크고 둥글며 붉은 색채는 자연이 그린 화려한 그림처럼 시선을 사로잡는다.
작약의 향기는 은은하게 퍼져나가며, 수성 계곡에 산책 나온 이들의 마음을 사로잡는다.

7월이 되면 작약의 꽃은 대부분 시들고, 그 자리에 열매가 맺히기 시작한다. 이 시기의 작약은 꽃의 화려함은 사라졌지만, 열매와 잎사귀의 조화로 자연의 깊은 아름다움을 느끼게 하는 시기이다. 작약의 열매는 시간이 지나면서 점차 성숙해지고, 잎사귀는 여전히 푸르름을 유지하며, 여름의 녹음 속에서 조화롭게 어우러진다.

작약은 여름의 한가운데서 자연의 신비로움을 더욱 깊게 느끼게 하는, 계곡의 보석 같은 존재이다.

6.14 수성동의 조용한 울림, 소사나무

소사나무는 자작나무과 서어나무속에 속하는 낙엽 활엽 소교목으로 갈잎큰키나무이다. 높이 3~10m 정도로 자라며 4~5월에 꽃이 피고, 열매 이삭은 8~10월에 익는다.

7월 중순, 인왕산의 녹음은 절정에 이른다. 나뭇잎은 한껏 펼쳐지고, 조용히 제 자리를 지키고 있는 소사나무다.

소사나무의 잎은 작고 윤기가 나며, 톱니 모양의 가장자리가 정갈하다. 여름에 꽃이 지고 꽃도 열매도 모두 작고 조심스럽지만, 그 안에는 깊은 질서가 있다.

7월 중순의 소사나무는 여름의 한가운데서 그 푸르름을 한껏 자랑하며, 인왕산 수성동계곡의 바위 사이에서 조용히 자리하고 있다. 소사나무의 무성한 잎사귀는 여름의 햇살을 받아 반짝이며, 산책 나온 이로 하여금 자연의 시원함을 안겨준다.

소사나무는 인왕산 수성동계곡의 여름 풍경을 더욱 풍성하게 만들어준다.

6.15 비해당에서 바라본 버드나무

버드나무는 버드나무과에 속하는 낙엽 교목으로, 능수버들·왕버들·갯버들 등 총 30종으로, 높이는 8~10m이며 잎은 긴 타원 모양으로

가늘고 긴 가지는 죽죽 늘어지는 암수딴그루이다.

7월 중순의 인왕산, 수성동계곡의 비해당을 감싸고 있는 버드나무는 그 유연한 가지와 잎사귀로 계곡의 물가를 따라 늘어져, 마치 자연이 그린 수채화처럼 시선을 사로잡는다.

수성동계곡의 여름 풍경을 풍성하게 넓게 퍼진 버드나무의 가지는 유연하게 아래로 늘어져 하늘거리며 자연이 그린 부드러운 곡선처럼 바람에 따라 유연하게 흔들린다.

버드나무의 잎은 길고 가늘며, 끝이 뾰족한 형태이다. 여름철에 무성하게 자라는 잎사귀는 밝은 녹색으로 마치 물고기의 지느러미처럼 유려하고 유순하게 산책하는 사람에게 시원한 그늘이 되어준다.

버드나무의 줄기는 비교적 굵고 튼튼하며, 나무껍질은 회색빛이다. 나무껍질 표면은 거칠고 깊은 주름이 잡혀 있어 고풍스러운 매력을 더한다.

이렇듯 버드나무는 키가 크면서도 허리를 굽히며 바람결을 따라 몸을 맡기고, 잎들은 낮은 자세로 살짝 흔들리고 있다. 그러다 바람이 잦아들면 다시금 조용히 제자리로 돌아와 여름이 가기를 기다린다.

6.16 누가바가 생각나는 갈색의 부들

부들은 외떡잎식물 부들목 부들과의 여러해살이풀로, 연못 가장자리와 습지에서 키가 1~1.5m 크기로 곧게 자란다.

7월 중순, 인왕산 자락 아래 펼쳐진 수성동계곡 비해당 앞은 마치 오래된 산수화의 한 귀퉁이처럼 고요하고 깊다. 습기를 머금은 풀밭 가에 다가서면 눈에 띄는 식물이 있다.

부들 줄기는 물가에서 자라기 때문에 수면 위로 길고 곧게 뻗어 있다. 부들의 잎은 길고 좁으며 선형으로 매끄럽고 끝이 뾰족하며 짙은 녹색을 띠고 물가의 습기를 잘 머금고 있어 신선한 녹음을 유지한다.

부들의 꽃이삭은 줄기 끝부분에 달려 있으며, 길쭉한 원통형으로 갈색을 띠고 있어 핫도그나 누가바 모양과 비슷하다. 꽃이삭은 부드럽고 촘촘한 질감을 가지고 있으며, 바람에 흔들릴 때마다 부드러운 움직임을 보여준다.

이러한 형태적 특징 덕분에 부들은 물가의 풍경 속에서 독특한 아름다움을 자아낸다.

초록과 갈색의 조화는 수성동계곡의 풍경을 완성하는 마지막 붓질 같고, 푸르른 잎사귀는 여름의 녹음을 더욱 풍성하게 한다.

6.17 노란빛을 띤 녹색 꽃의 굴피나무

굴피나무는 쌍떡잎식물 가래나무목 가래나무과의 낙엽 소교목으로, 높이는 5~20m이다. 잎은 홀수깃꼴겹잎이며 잎자루가 없는 7~19개의 작은 잎으로 이루어진다. 꽃은 5~6월에 노란빛을 띤 녹색 꽃으로 핀다.

7월 중순의 수성동계곡 굴피나무는 잎은 길쭉하고 단정하며, 가장자리는 부드럽게 물결치듯 깔끔하게 정돈되어 있다.

굴피나무의 가지는 위로 오르기보다는 넓게 퍼져 나간다. 그 모습은 마치 누군가를 감싸 안으려는 듯 너그럽고 넉넉하다. 나무껍질은 시간이 남긴 주름처럼 거칠지만, 그 속에는 연륜의 온기가 배어 있다.

굴피나무는 녹색 빛을 띠는 꽃을 피우며, 노란빛을 띠는 녹색 꽃처럼 보인다. 꽃은 작고 눈에 띄지 않지만, 색상은 녹색과 노란빛이 섞인 듯한 느낌을 주어 여름철 인왕산의 자연과 잘 어우러져 독특한 아름다움을 주고 있다.

수성동계곡의 굴피나무는 물소리와 바람결 사이에서 소리 없이 산책하는 사람들에게 그늘을 만들어주며, 짙은 녹음과 두꺼운 껍질로 여름의 강인함을 품어준다.

7장
텃밭 가꾸며 배우는 자연의 지혜와 교훈 🌸

봄·여름·가을·인왕산 서울 성곽길 무악동 도시 텃밭에서 '들꽃회' 팻말로 6월 중순 오늘도 즐겁게 깻잎·상추·로메인·쑥갓·치커리·고추 등을 수확하여 집에 가는 발걸음은 가볍고 기쁘다.

7.1 인왕산 성곽 아래 도시 텃밭

인왕산 2차 아이파크 들꽃회 이름으로 인왕산 성곽 아래서 수년 동안 텃밭을 가꾸고 있다. 초창기에는 주위 사람들이 관심이 없었는지 텃밭 당첨에 큰 어려움이 없었다. 시간이 갈수록 많은 사람들이 텃밭을 좋아하여 요즘은 매년 2월에 주민센터에서 추첨을 2단계 거쳐서 겨우 한 해 농사를 지을 수 있는 자격이 생긴다.

올해는 1차에 당첨되지 못하여 1차에서 떨어진 사람을 대상으로 양지가 아닌 음지인 땅이라도 받기 위해 참여하여 다행히 당첨되어 재미있게 텃밭을 가꾸고 있다.

남편은 가끔 말한다. "당신이 그렇게 텃밭 가꾸는 것을 좋아하면 땅을 조금 사서 마음 편하게 채소 등 가꾸면 좋을 것 같다."라고 말을 한다. 하지만 나는 손사래를 치며 그렇게까지는 할 필요가 없다고 한다.

지금은 과학 교사로서 학생들을 가르치고 있으니 이러한 채소 등 식물을 직접 길러보면 수업에 도움이 되어서 하고 있지만, 나중에 퇴직하면 이러한 텃밭 키우는 애정도 식지 않을까 하는 염려가 되어서 남편의 의견을 만류하고 있다.

7.2 호박이 넝쿨째 벽을 타고 오르는 모습

올해는 텃밭에 호박을 심었다. 이곳에서 호박이 잘 자랄까 하면서 워낙 가족들이 호박잎을 좋아해 한번 심어보기로 하였다.

참으로 자연은 신기하다. 5월 하순 어느 날 텃밭에 갔더니 호박넝쿨이 벌써 벽을 타고 가고 있었다. 어찌나 신이 나던지 호박구덩이 주변으로 호박 성장에 도움이 되는 퇴비 등 영양분을 수시로 주었다.

지극정성으로 호박을 가꾸었더니 이제는 벽을 타고 올라가는 호박잎을 보고 신기하기도 하고 한없이 기뻤다. 농사를 지으신 분들이 이러한 기분으로 힘든 일을 마다하지 않고 농사를 짓는구나 하고 공감이 되었다.

오늘도 호박 넝쿨이 벽을 타고 힘차게 오르는 모습을 보고 '호박이 넝쿨채 복이 우리 가족으로' 옴을 느끼고 있다.

호박이 나에게 말한다. "박 선생님 오늘도 물과 영양분을 주셔서 감사합니다. 수고하셨습니다".

7.3 인왕산 텃밭에서 키운 토마토, 고추, 상추, 깻잎 이야기

자연과 공존하는 텃밭 농사의 즐거움은 직접 키워 본 사람만이 알지 않을까? 할 정도로 퇴근하고 집에 가는 버스에서 마음은 벌써 텃밭에 가 있었다.

가족들은 그렇게 좋냐고 신기하듯이 물어보는데, 특히 남편이 물으면 바로 대답한다. 당신은 무엇이 좋아서 노래를 몇 곡도 아니고 38곡을 제작하여 발표하냐고 말하면 남편은 아무 말을 하지 못한다.

여름철에 텃밭에 가면 손댈 곳이 많다. 오늘도 대추 방울토마토가 주렁주렁 열렸다. 어찌나 탐스럽게 열렸는지 그리고 한쪽에서는 고추도 주렁

주렁 싱싱하게 달려 있고, 녹색 상추, 깻잎, 쑥갓, 아욱에 손이 가서 부지런히 따고 있는 나를 보고 혼자 웃는다.

여름철에는 모기 등이 있어서 손과 다리를 물려서 이제는 대비책으로 텃밭에 가기 전에 두꺼운 옷으로 완전무장을 하고 텃밭에 가지만 어이없이 모기가 물어 집에 와서는 간지러워 고생하곤 한다. 그래도 텃밭에 가는 것은 즐겁고 재미있다.

직접 내가 농작물을 키워 보니 수업 시간에 식물에 대하여 자신 있게 학생들에게 전달 할 수 있어서 더욱 좋다.

3부

과학 교사로 40년 이상 교직 생활

8장
들꽃쌤의 교직생활 🌸

생물교육학을 전공한 과학 교사로서 40년 이상 교단에 서면서 자연과 더불어 인왕산 산책길에 만난 꽃과 나무들을 통해 많은 것을 배웠고, 학교 교육이 학생과 교사 모두를 어떻게 성장시키는지를 배우는 시간이었다.

학생들에게 직접 찍은 우리 꽃 사진을 보면서 설명해 주는 '점희쌤'으로서 교직 생활은 참으로 보람되고 행복했던 자신을 발견하며 "교사의 길은 나의 천직이라 생각했다.

평생 교단에서 교육자의 길을 걸으며

교단에서 보낸 긴 시간을 돌아보며 많은 경험과 생각을 하였다. 첫 부임 학교·첫 교단에 서는 긴장감·학생들과 첫 만남의 어색함·지식 전달을 넘어서 참 교사가 되기 위한 노력의 시간·과학 선생님으로서의 사명감 등 40년 이상 교단에서 보낸 그 길을 돌아보며 교사라는 직업이 주는 책임감과 보람의 시간과 지내며 변화된 교육 환경과 시대의 흐름에 따라 성장하는 학생들을 보면서 하고 싶은 이야기가 참으로 많았다.

오늘도 학생들이 "점희쌤"하고 부르며 달려오는 모습이 눈에 선하다

초임 발령지 보성 회천중에서 여름방학을 맞아 학생들과 보성 녹차밭 체험학습 중 작은 계곡에서 뽀얗게 피어오르는 물안개를 보며 멋진 풍광에 형언할 수 없었던 찰나의 순간, 호젓한 삼나무 숲길을 걷는 동안 감동의 순간이 잊을 수 없는 멋진 추억으로 다가옵니다. 모든 선생님은 첫 발령지의 추억은 잊혀 지지 않을 것이다.

실험 수업에서 학생들과 함께했던 다양한 실험들, 중부영재교육원 수업 시간에 개구리를 해부하기 위해 준비하고 있는데 마취된 개구리가 깨어나 창밖으로 훌쩍 뛰쳐나가서 한바탕 소동이 일어난 사건, 붕어·소의 눈·돼지 심장 등 해부를 통해 학생들이 생명의 신비를 깨닫는 순간들이 생생하게 떠오른다.

학생들과 학교 운동장에서 신나게 운동하며 웃던 시간, 창덕여중 학생들과 '청계광장 다문화 축제'에 참가하기 위해 다문화합창단을 만들어 방학 동안 열심히 연습하던 시간, 태국 물의 축제 '쏭크란 축제'에 합창단 일원으로 학생들과 함께 참여하여 봉사 활동한 수많은 시간이 의미있게 다가온다.

대학 생활 중 산악회 활동으로 얻은 경험이 과학 교사의 자양분

농부의 딸로 태어나 교사의 길을 가기 위해 사범대학에 입학하여 꿈 많은 학창 시절이 시작되었다.

대학 재학시절 잊지 못할 추억은 설악산에서 15일간 야영 생활을 하며 설악산 일대를 등산한 경험이 가장 기억에 남는 시간이었다. 방학을 이용하여 산악반 활동을 하며 지리산·월출산·무등산 등 등산을 참으로 많이 다녔다. 그때의 이야기를 가족들이 듣고서 나에게 붙여준 별명이 '지리산 반달곰'이다. 대학 생활 중 산악회 활동으로 얻은 경험이 지금도 산을 좋아하고 꽃과 나무 등 다양한 식물과 더 친근하게 된 계기가 되었다.

한 학기 동안 내 영혼이 담긴 잃어버린 100속의 식물 표본

대학 생활 중 가장 안타까운 사건이 있었다. 한 학기 식물분류학 강의 시간에 100속의 식물을 채집하여 건조·표본제작, B4 크기의 켄트지에 부착하여 식물 표본을 완성하여 제출하는 방대한 과제였다.

100속의 식물 표본을 제작하여 교수님께 직접 테스트받고 제출 후 교수님 연구실에 보관 중 관리 소홀로 식물 표본이 사라져 끝내 찾지 못했다.

한 학기 동안 정성이 담긴 나의 작품을 다시 볼 수 없어 안타까웠지만 어느 자연사 박물관에 전시되어 빛을 발하리라 생각하니 마음이 편해졌다. 어디서든 학습자료로 잘 활용되기를 바라는 마음이었다. 이때 자연에서 보낸 시간이 과학 교사로 40년 이상을 학생들과 즐겁게 지낼 수 있는 자양분이 된 소중한 시간이었다.

열심히 준비한 과제물로 기억이 아직도 생생하지만 100속의 식물 표본을 만들었던 그 열정이 꽃과 나무에 대한 사랑으로 이어져 수업 시간에 학생들에게 꽃 사진을 보여주며 즐겁게 수업하는 원동력이 되어 지금은 오히려 감사하는 마음이다. 또한 이러한 경험으로 학생들이 제출한 보고서나 과제물을 소중하게 관리하고 보관하는 습관으로 이어졌다.

참 교사가 되기 위해 많은 시간을 노력한 내 자신에 감사

대학을 졸업하고 보성 회천중에서 교단에 서면서 첫 부임 학교에서 긴장과 학생들과의 첫 만남은 말 그대로 설렘과 어색함이었다. 나의 첫 교직 생활에서 1980년대에 만난 제자들과 바닷가 보성 회천중학교는 지금도 생각하면 참으로 좋았다. 아마 모든 선생님도 첫 발령 첫 부임지를 잊지 못할 것이다.

학생과 학부모가 기대하는 교사가 되기 위해 부단히 노력하였다. 학생들과 과학전람회 작품 출품·과학실험 경진대회 등 많은 성과를 내기 위해 방과 후 밤늦은 시간까지 학생들과 함께 최선을 다해 실험 지도했던 시간이 참으로 많았고 보람된 시간이었다.

중부교육청 과학중심학교·과학영재교육원 운영팀장으로서 10년 이상 주말에도 쉬지 않고 활동하며 과학영재교육 발전에 관련된 다양한 업무들을 하였다.

과학실험 수업에서 학생들과 함께했던 시간과 학생들이 생명의 신비를 깨닫는 순간들, 때로는 교육의 본질을 고민하며 주입식 교육과 창의적 사고 사이에서 교사의 역할은 무엇인가를 스스로 묻고 단순한 지식 전달자가 아닌 인성을 겸비한 한 인격체로 성장할 수 있도록 학생들과 대화를 통해 끊임없이 함께 성장해 온 시간이었다.

학생들이 좋아하는 '좋은 선생님'이란 무엇일까를 수없이 자신에게 물어왔다. 생물 과목을 중심으로 과학 교사로 사명을 다하기 위해 단순한 지식 전달을 넘어서 교육자 '점희쌤'으로서의 사명을 다하기 위해 나름 최선을 달려온 시간이었다.

'들꽃쌤'의 독특한 수업 방법
수업 시작하면서 꽃 사진, 박지성 체조, 발표·토론 수업

지금까지 과학 수업을 진행하면서 항상 하는 독특한 수업 방법이 있다. 수업 시작하기 전 3분 정도 수업 체조로 긴장된 몸을 풀고, 이어서 꽃 사진을 보여주면 학생들이 웃으면서 즐겁게 수업에 임하는 활기찬 모습에서 희망을 보았다.

특히 모둠별로 모두가 참여하는 발표수업을 매일 진행하면서 자기 주도적으로 학생들이 직접 발표·토론에 참여하는 등 적극적인 학습 참여 방식으로 즐겁게 수업에 참여하는 일명 '들꽃쌤'의 독특한 수업 방법이었다.

교사는 가르치는 사람이지만, 매 순간 배우기도 한다.

수업 시간을 통하여 평생 기억에 남는 제자들도 많았다. 특별한 학생들도 있었고 정말 과학을 사랑한 학생도 많았다. 공부보다 인생이 더 힘들었던 학생들도 만나는 등 교육 현장에서 시간이 지나면서 성장하여 다시 만난 제자들의 이야기 등 여기서 다 나열할 수 없지만 참으로 나의 인생에 소중한 시간이었다.

과학에 관심이 없었던 학생이 보여준 변화를 보면서, 실패를 딛고 일어선 학생의 이야기, 졸업 후 찾아온 제자가 전한 감사의 말 등 교실에서 피어나는 감동의 순간들은 평생 잊지 못할 것 같다.

교사이면서 학생들에게서 배운 일도 또한 많았다. 교사는 가르치는 사람이지만, 매 순간 배우기도 한다. 학생들의 순수함과 솔직함이 주는 깨달음과 "선생님 덕분에", "선생님은 꽃보다 아름다워요"라는 말이 위로와 큰 힘이 되어주는 순간들, 긴 시간이 아닌 매 순간이 감동이고 행복한 날들이었다.

처음 교단에 섰을 때 나를 이끌어 준 선생님, 교사로서 성장하는 과정에서 만난 동료들, 동료 교사들과 함께한 교육 연구와 실험 수업 준비 등 함께한 선생님들과 가르치고 배우는 길을 걸으며 함께 한 고마운 선생님들이 생각난다.

학교라는 작은 사회에서 학생·학부모·교육정책에서 오는 여러 고민도 있었고, 학급 담임과 교과수업·행정업무 등 교직 생활이 힘들고 지칠 때 교육자로서 소명 의식을 생각하는 시간도 많았다.

변화하는 교육과 변하지 않는 가르침으로 중심을 잡아야 하는 교직 생활

교사가 된다는 것은 단순한 직업이 아니고 학생들을 진심으로 대하는 것이 가장 중요한 것 같다. 끝없는 배움의 길을 학생과 함께 걸으면서 함께 고민하고 생각하며 걷는다는 것은 순탄하지만 않은 길이었다.

수시로 변화하는 교육과 여기에 변하지 않는 가르침으로 중심을 잡아가는 교사가 교육 현장에 더 많아지기를 바라는 마음이 든다.

학교생활과 육아 병행

결혼 당시 남편이 서울에서 공무원으로 근무하고 있어서 2년 정도 주말부부로 생활하다가 서울로 발령이 나서 남부교육청의 당산서중학교에서 근무하게 되었다.

처음에는 서울 생활 적응하고 아이들 둘을 출근하기 전 주위에 맡기면서 키우느라 참으로 바쁘고 힘든 시기였다.

요즘은 어린이집·유치원 시설 등이 주위에 많이 있어 직장인이 아이들을 맡기는데 큰 애로가 없지만 그 당시에는 이러한 시설이 거의 없어서 참으로 마음고생이 많았다. 그래도 키우면서 어려움이 많았지만, 아이들이 건강하게 자라주어서 고맙기만 하다.

집보다 학교가 더 좋은 직장생활
서울에서 만난 사랑스러운 제자들(1993년~2025년)

서울에서 교직 생활은 남부교육청 당산서중학교를 시작으로 영남중학교, 영림중학교를 거쳐 중부교육청 관내 청와대 근처에 있는 청운중학교,

정동길에 있는 창덕여자중학교, 용산 이촌동에 있는 용강중학교, 을지로에 있는 덕수중학교, 현재 1899년 대한제국 관립 상공학교로 창립된 선린중학교에서 근무하고 있다.

아침에 학교로 향하는 발걸음이 가볍고 교정에 핀 꽃들을 보면서 콧노래가 절로 나는 출근길이다. 학교에서 수업하고 학생들을 만나서 지내는 나날의 소중한 시간이 나에게는 가장 즐겁고 행복한 순간들이다.

그래서 학생들과 시간을 보내는 것이 가장 행복해 가끔 농담 반 진담으로 "집보다 학교가 더 좋다"라고 말하곤 한다.

방과후 연수뿐만 아니라 방학 중 장기적인 연수도 열심히 참여

교사의 장점은 방과 후 연수와 방학 중 연수라는 생각이 든다. 나의 교직 생활은 연수에 참여한 시간이 많았다. 수업이 끝난 퇴근 후에도 끊임없이 다양한 연수에 참여하여 배우는 즐거움이 컸고 이를 학교 수업에 적용하는 등 학생 지도에 많은 도움이 되었다.

학교 생활하면서 수업 후 방과 후 연수뿐만 아니라 방학 중 장기적인 연수도 적극적으로 참여하였다. 학교 현장에 도움이 되는 수업 방법을 적용하기 위해 방과 후나 방학을 이용하여 열심히 연수를 듣던 열정과 서울대학교 파견 연수, 대학원 과정, 방학 중 미국 미시건 대학교에서 교육 연수 등 배우는 기회가 많았다. 연수 끝날 즈음 가보았던 나이아가라 폭포와 슈페리어호, 시카고대학 등이 기억에 남는다.

이러한 연수 참여가 학생들을 가르치고 수업 진행에 도움이 되었고, 부단히 연구했던 수많은 시간이 소중하게 기억된다. 또한 연수 기회를 주시고 허락하여 주신 분들께 다시 한번 감사의 마음을 전한다.

교육 현장에서 교사와 학생은 함께 성장한다.

40년 이상 교직 생활하면서 교육은 가르치는 것만이 아니라 함께 배우는 것이라는 것을 알았으며 교육 현장에서 교사와 학생은 함께 성장한다는 것을 공감하게 된다.

학생들과 함께했던 시간에 감사하며 이해인 시인의 "가르치는 일은 더 성실한 배움의 시작임을 기억하며 최선을 다하는 열정을 지니고 싶습니다"라는 '어느 교사의 기도'한 구절이 생각난다.

앞으로 변화하는 교육 환경 속에서 교사의 역할을 고민하게 된다. 40년간 변화된 교육과정을 반영하며 수업을 준비하면서 이제는 디지털 시대·AI 등 미래 교육의 방향에 대하여 많은 생각을 하게 된다.

끝으로 40년 이상을 무사히 교직 생활을 할 수 있도록 힘이 되어주시고, 도움 주신 고마운 많은 분께 이 지면을 빌어 다시 한번 감사한 마음을 전한다.

그동안 고맙고 행복했습니다!

9장
학생들의 꽃 편지와 학교 교정에 핀 꽃 🌸

40년 이상 교직 생활을 하면서 생각나는 학생들이 참으로 많았다.

그 기억과 추억들이 순간순간 생각 나면서 학생들의 모습이 그려지기도 하고 이름과 얼굴을 떠올려 보려고 노력했다.

1985년 2월에 졸업하고 바로 3월에 발령받아서 지금까지 근무하면서 학생들의 수많은 편지를 받으면서 이 소중한 편지들을 보관하려고 노력하였다.

그런데 이번에 보니 여러 학교를 옮기면서 보관한 편지들이 보이는 편지도 있지만 많은 편지들을 찾기가 어려웠다. 그래서 현재 남아 있는 편지들을 정리해 본다.

참으로 귀한 편지이며 소중한 옛 추억을 다시 회상할 수 있어서 감사했다.

그 당시 편지를 보낸 학생들도 지금은 어디에서 살고 있는지 궁금도 하고 보고 싶은 마음이 문득 든다.

다시 한번 편지를 보내준 학생들에게 감사하고, 지면 한계상 일부 편지만 책에 실었고, 실명으로는 하지 않고 OOO으로 정리하여 본다.

교사의 직업은 어려움도 있지만 많은 보람을 느끼며 학생들과 좋은 추억을 쌓으며 지내기에 좋은 직업 같다. 제자와 오고 간 편지 속에서 제자들을 인왕산 산책길에 만난 꽃과 나무에 비유하여 생각해 본다.

추억 속의 제자들이지만 오랜 시간이 지난 시점에서 제자와 최근 제자들을 생각하면서 오늘을 살아가는 교사의 마음과 언제나 제자를 사랑하는 교사의 마음을 오래 간직하기 위해 책으로 이 편지를 간직하고자 한다.

덕수중 교정, 모란꽃의 꽃말은 부귀영화

9.1 과학을 좋아하는 학생이 방학 중 보내온 꽃 편지

존경하는 선생님께!

온갖 자연의 동·식물들이 작열하는 태양 아래 전성기를 맞고 있는 요즘 건강은 어떠하십니까?

저는 선생님을 존경하는 제자 OOO입니다.
잠시 선생님 그리고 아이들과 못내 아쉬운 이별을 청했던 방학식이 엊그제 같은데 벌써 방학 절정에 다가설 시간이 되었다니...

당산서중 교정, 금낭화의 꽃말은 '당신을 따르겠습니다'

정말 세월은 흐르는 물처럼 너무나도 빠르구나! 하는 생각이 듭니다.

처음 선생님을 뵈었을 때 여느 교과 선생님보다 더 열성적이고 정열적인 불꽃이 타오르는 듯한, 한편으로는 냉철한 눈을 가지신 선생님의 모습을 뵈었을때에 무어라 표현하기 어려운 큰 감회를 받았었답니다.

그리고 몸이 약하시면서도 아이들에게 하나라도 더 깨우쳐주시고 가르쳐 주시기 위해 온 힘을 다하시어 수업을 이끌어 가시는 선생님이 너무나도 존경스러웠습니다.

또한 이러한 훌륭한 선생님 밑에서 더 열심히 생물에 대해 공부해야지 하는 다짐을 했었고요.

선생님!
전 선생님께서 아이들에 향한 깊은 마음을 이제야 알 것 같다는 생각이 듭니다. 겉으로는 엄하시면서도 속으로는 아이들 개개인에게 있어서 희망과 사랑을 가슴속 깊이 심어주시려고 얼마나 힘쓰시는지 알게 되었습니다.

그리고 모두가 각자의 재능을 찾아 열심히 살아간다면 언젠가는 그 재능의 열매를 맺고 큰 사람이 될 수 있다는 사실을 심어주시기 위해 나갈 수 있도록 많은 자신감을 심어주셨답니다.

선생님!
저는 지난 15일간의 방학 동안 매우 뜻깊은 나날을 보냈답니다.

가장 기억에 남는 것은 과학동산에서의 추억인데, 과학실험만을 해서 다소 딱딱할 것이라는 저의 예상과는 달리 평소에 관심 있어 하던 지구

중력에 관한 실험, 전지의 주기 등 일반 학교 실험에서는 실제로 해보지 못하였던 다채로운 실험을 몸소 체험해 볼 수 있었답니다.

그리고 이번 과학동산을 통해서 과학이라는 것이 얼마나 흥미로운 것이며 인간의 상상력을 초월할 만큼의 깊은 세계가 인류문명에 접근해 있다는 사실을 새삼 깨달을 수 있었던 보람찬 계기가 되었습니다.

또한 앞으로도 이런 기회가 있다면 서슴없이 도전해 보아야겠다는 다짐과 과학에 대해서 더 많은 관심을 가져야겠다는 큰 신념을 가지게 되었구요.

그리고 여러 가지 교양 도서를 읽으며 머릿속에 필연성 있는 사고력과 어떤 사물에 대해 뭔가 합리적으로 생각할 수 있는 소양을 기르기 위해 노력하며 하루하루 알찬 나날을 보내고 있습니다.

아. 참! 이 이야기를 빠뜨릴 뻔했네요.
코엑스 전시관 별관에서 열린 교육박람회에서 고속도로 발달 된 우리나라의 과학에 대해 다시 한번 깊이 생각해 볼 수 있는 계기를 갖게 되었답니다.

평소에 저는 우리나라 과학이 이번 교육개혁 박람회에서 본 정도로 많이 발전하리라 생각하지 못했습니다. 하지만 직접 그 현장을 다녀와서 우리나라가 미래 정보사회를 위해 얼마나 많이 해왔는가에 대해서 많은 깨달음을 얻을 수 있었습니다.

이러한 과학 문명을 지금까지 열심히 연구해서 어른이 됐을 때 지금보다도 더 나은 과학 문명을 발명하고 보완해 나가기 위해 힘써야 하겠다는 굳은 결심을 하게 되었답니다.

또한 평소 제가 희망했던 서울대 연대 고대 등 여러 대학에 대한 홍보물 또한 저의 많은 관심거리가 되었습니다.

선생님!
선생님께서도 매우 보람찬 방학을 보내고 계시겠지요? 마지막으로 앞으로도 선생님의 기대에 어긋나지 않는 1학기보다도 더 뛰어난 제자가 되겠다고 다짐 드립니다. 그리고 꾸준히 노력하는 모든 일에 최선을 다하는 학생이 되기에 온 힘을 다하여 노력하겠습니다. 선생님 말씀도 잘 듣고요.

선생님께서도 남은 방학 동안 다시 재충전할 수 있는 보람찬 나날이 되시기를 가슴속 깊이 기원합니다.

그리고 무더운 날씨에 몸 건강히 안녕히 계십시오.

1996년 8월 1일
선생님의 사랑스러운 제자 OOO올림

9.2 당산서중 근무 당시 제자가 보내준 꽃 편지

존경하는 선생님께!

따스한 봄날의 기운이 절정에 다다르고, 찌는 듯한 무더위가 성큼성큼 다가오는 이 계절에 안녕하신지요?

저는 선생님의 영원한 제자 OOO입니다.

처음 선생님을 뵈었을 때, 아이들에게 무언가를 가르쳐 주시고 일깨워 주시기 위해서 헌신의 노력을 아끼지 않으시던 선생님의 그 누구보다도 아름다우신 마음, 또 열성과 사랑은 아직도 저의 기억 속을 맴돌고 있답니다.

당산서중 교정, 불두화의 꽃말은 '존경, 신비'

항상 우리 반을 위해서, 그 어떤 반보다도 뛰어난, 재능 있는 반으로 만드시기 위해 힘쓰시던 선생님.

처음에는 선생님의 이같이 태산 같은 은혜를 감당하기에 제가 너무 모자라고 작았기 때문에 선생님의 이같이 높은 은혜의 마음을 미처 헤아리지 못했습니다.

그러나 지금은 선생님께서 얼마나 우리 개개인을 위해 힘쓰시고 걱정하시는지 진심으로 깨닫게 되었답니다. 또한 선생님께서 우리 반을 위해 얼마나 세심한 노력과 정성을 쏟는지 새삼 깨닫게 되었고 말입니다.

제가 이런 선생님의 위치를 진정 가슴속 깊이 느끼게 된 계기는 선생님께서 약 일주일 동안 교실에 들어오시지 않을 때였습니다.

사실 처음엔 선생님께서 종례 시간을 길게 하시는 것이 저희를 위한 사실을 미처 깨닫지 못하였지만, 선생님께서 종례에 들어오시지 않으실 때 얼마나 많은 후회와 반성을 했는지 모릅니다.

그때에야말로 선생님이 얼마나 우리에게 중요한 분이시며 우리를 위해 힘쓰시고 계신다는 사실을 알게 됨은 물론 종례 시간의 배움이 학교생활에 얼마나 많은 도움을 주는 것인지도 새삼 깨달을 수 있었답니다.

존경하는 선생님!
선생님과 함께 한 반에서 생활한 지도 벌써 2달이 다 되어가네요. 처음 선생님을 뵐 때는 왠지 모르게 저와 선생님의 사이가 하늘처럼 너무나도 멀게 느껴졌지만, 지금은 선생님께 제 고민거리를 말씀 드릴만큼 선생님과 저 제자와의 사이가 매우 가까워진 생각이 들어요.

선생님, 저는 그 누구보다도 선생님이 맡으신 1학년 11반에서 생활하게 되었다는 사실이 너무나도 영광스럽게 생각된답니다.

항상 열정적으로 하나라도 더 많이 일깨워 주시려는 선생님 덕분에 저는 과학에 대해 더 많은 흥미를 가지게 된 것은 물론, 평소에 그리 관심이 많지 않았던 자연계에 대하여 더 많은 관심과 세심한 관찰력을 가지게 되었답니다.

또한 생물의 세계는 매우 넓고 광범위하다는 것을 깨달을 수 있었으며 '생물'이란 과목이 '신비의 세계'라는 탄성이 나올 정도로 관심 있게 느껴지게 되었습니다.

그리고 저번 환경심사에서도 반을 위해 헌신적으로 임하시고 손수 열심히 뛰시는 선생님이 너무나도 존경스럽게 느껴졌기 때문입니다. 선생님!

이런 저의 마음을 이 작은 종이에 다 쓰려고 하니 턱도 없이 부족한 이 현실이 안타깝게 느껴질 뿐입니다.

선생님! 앞으로 선생님께서 저에게 거시는 기대에 티끌만큼도 어긋나지 않는 바람직한 학생이 되겠다고 맹세를 드립니다. 또 다른 학생에게도 모범을 보이는 등 듬직한 모범생이 될 것입니다.

선생님!
무더운 여름 날씨가 다가오고 있습니다. 환절기에 감기 조심하시고 건강을 유지하시어, 몸과 마음의 건강이 조화가 이루시기를 기도드립니다.

아참! 선생님, 스승의 날 진심으로 축하합니다.
선생님의 그 높으신 은혜의 천분의 일, 아니 만분의 일도 갚지 못하겠지만 꼭 선생님의 은혜에 보답하는 영원한 제자가 되겠습니다.

몸 건강히 안녕히 계십시오

1996년 5월 14일
선생님의 영원한 제자 OOO올림

9.3 순천여자중학교 제자가 방학 중 보낸 꽃 편지

존경하는 선생님께!

어떤 아이가 편지를 저에게 가지고 오길래, 누구지? 설마 하였네요.

선생님이 보내주신 답장 편지였던 것입니다.
정말이지 벅차오르던 기쁨을 억누르지 못한 채 방방 복도를 뛰어다니다가 2학년 복도로 내려가 조용히 읽어보았습니다.

순천여중 교정, 자목련의 꽃말은 '믿음, 존경'

정말 바쁘셔서 피곤하신데 보내주셔서 감사해요.
이 편지가 도착할 때 놀라시겠군요. 몇 시간 전 아니면 같이 제가 보낸 두 편지가 도착해서요.

먼저 보낸 편지는 7.26일 경에 쓰고 있었는데 편지지에 빨리 옮기지 않아 오늘 아침에 보냈고요. 지금 편지는 오늘 수업 끝날 경에 선생님의 편지를 받고 쓰는 편지입니다.

오늘 비가 와서 지금 학교에 남아서 편지 쓰고 있거든요.

시험 보는 날을 벌써 가르쳐 주었답니다. 8.28일이에요. 어깨가 무거워집니다.

선생님! 언제나 건강하세요. 다음에 또 편지 드릴게요.
선생님! 선생님께서 연수받느라 열중하고 있는데, 제가 편지를 자주 써서 혹 방해가 되는 것은 아니겠죠.

친구분 많이 사귀시고 행복하게 지내시기를 바랍니다.

1991년 7월 30일
lovely 제자 OO올림

9.4 더운 여름날 연수 중인 선생님을 응원하는 꽃 편지

그리운 선생님께!

순천여중 교정, 벚꽃의 꽃말은 '내면의 아름다움'

저번 다섯 번째 편지 보낼 때 어쩌면 이 편지가 방학 동안에 선생님께 보내는 마지막 편지가 될지도 모르겠다는 마음으로 우체통에 넣었습니다.

그런데 갑자기 토요일 날 그동안 꽁꽁 묻어두었던 것이 튀쳐나와 답답한 마음으로 6번째 편지를 보낸 것이었습니다. 그때 당시에는 그냥 써지는 데로 써서 보낼까 말까 망설였습니다. 지금은 괜찮습니다. 옛 모습 그대로 변덕장이죠.

또다시 이렇게 연필 아니지 샤프를 들게 된 것은 선생님께서 걱정하실까 봐 쓰게 된 것입니다. 선생님! 답장 정말 정말 감사합니다.

기분이 굉장히 좋습니다. 선생님 저도 역시 중3이라는 중요한 시기에 선생님과 인연이 닿아 저의 스승이 되셔서 정말 기쁩니다.

가만히 생각해 보니까 얼굴 마주 보고 지낼 날이 몇 달 안 남았군요. 2학기 때 고생 많이 하시겠군요.

답장 쓰신 날 3과목 테스트를 받으셨다면서요. 정말 공부하는 것이 언제나 따라붙어 다니는군요.

아! 방학 생활 알차게 보냈는지 궁금하시다고요. 어떻게 말씀을 드려야 할지 모르겠네요. 아휴! 정말이지 왜 이렇게 방학이 빨리 지나가는지 모르겠어요. 눈 깜짝할 사이에 2주일이 지나가 버렸고 남은 건 3일하고 기도회 3일밖에 안 남았네요.

선생님께서 너무 과욕 부리지 말고, 누구나 항상 후회는 남는다고 하셨죠. 그 말씀 듣고 나니 마음이 편안해집니다.

오늘 00이랑 00랑 선생님께 편지 보냈다고 하던데 제 편지랑 비슷하게 가겠네요.

선생님!
지금 1·2학년 교실 건물 교실 바닥 새로 깔고 있어요. 가사실도 어떻게 좋게 하나 봐요. 학교가 탕탕 소리로 가득합니다.

요즘 학원 가기 전에 오후에 학교에 가거든요. 아이들이 그러는데 조금만 떠들어도 교장선생님께서 올라오셔서 호통을 치신데요.

무척 더워서 짜증 나시죠. 제가 멀리서 어떻게 도와드려야 될지…
언제나 마음뿐입니다.

빨리 뵙고 싶은데 빨리 뵐수록 여름방학은 다 지나가고 시험이 눈앞에 있으니 갈림길 놓이는 심정입니다. 보충수업 때 오시면 정말 정말 좋겠는데요. 욕심대로 안 되는군요.

정말이지 더운 날씨에 고생하십니다.
아! 맞다. 어디 식당에 가실 때 부디 조심히 잘 살펴서 드세요. 요즘 콜레라가 유행해서요.

기도회에서 선생님과 저 그리고 우리 반 모두의 축복을 빌면서 옛날과 다른 착한 숙녀가 되어서 돌아오겠습니다. 몸 건강히 안녕히 지내세요.

1991년 8월 14일
선생님을 사랑하는 OO올림

9.5 밤하늘에 반짝이는 별들을 보며 선생님이 그리워 쓴 꽃편지

보고 싶은 선생님께
밤하늘에 반짝이는 별들을 보며 선생님이 그리워 펜을 듭니다.

그곳 생활은 어떠하세요?
여긴 방학인지 실감이 나지 않아요. 보충수업도 1주일이면 끝나는데 숙제를 많이 하지 않아서 걱정이에요.

순천여자중학교 교정, 명자꽃의 꽃말은 '신뢰, 희망'

고입(고등학교 입학시험)이 서서히 코앞에 다가온 걸 생각만 하면 마음이 떨려요. 선생님께서도 열심히 공부하시겠죠? 선생님과 떨어져 보낸 시간이 벌써 한 달이 지난 것 같아요.

피서철도 지났는데 여행은 하셨는지요.

저는 엄마께서 중3이라고 아무 데도 가지 않았어요. 하지만 저는 밤에 옥상에서 별을 보며 더위를 식힙니다.
다른 친구들은 열심히 공부하고 있겠지만, 저는 별로 안 해서 2학기 때 성적이 떨어질까 두려워요.

1학기 땐 공부는 별로 하지 않고 친구들과 장난만 쳤는데...

선생님! 2학기 땐 제가 뭔가 보이고 싶어요.
그리고 보충수업 과학 시간에 선생님께서 광주에 계셔서 1학년 남자 과학 선생님이 들어오시는데. 키가 무지무지하게 커요. 그래서 인지 겉으로는 무섭게 보여요. 그리고 부 담임선생님은 저희에게 잘해 주십니다.

선생님이 보고 싶어요. 빨리 방학이 끝나 친구들과 선생님을 보고 싶지만 또 시험을 보니 방학이 길어졌으면 하는 생각도 들어요.

선생님과 친구들을 그리면서 펜을 놓겠습니다. 아무쪼록 몸 건강하세요.
저는 먹기만 해서 인지 몸 건강하니 걱정하지 마세요.
그럼 안녕히 계십시오.

1992년 8월 13일
순천에 있는 제자 **000올림**

9.6 아직도 젊으신 박점희 선생님께!

창덕여자중학교 교정, 맥문동의 꽃말은 '겸손, 인내'

선생님 안녕하십니까! ㅎㅎ
개구쟁이 반에서 버티고 있는 OOO입니다.
제가 이야기 하나 들려 드릴게요, 잘 들어주세요.

옛날 어느 날, 재똥이라는 아이가 처음으로 학교를 갔어요. '아니! 글쎄 이렇게 공부가 재미가 없다니'라고 재똥이는 생각했어요. 국수, 사과... 정말 싫다고 생각했지요.

재똥이는 노는 것을 더 좋아해서 친구들과 놀았어요, 하지만 인기 있지는 못했어요. 한 두어 명 사귀다 보니 친구들이 마음이 변하면 재똥이를 떠났지요.
그래서 재똥이는 좌절감을 느꼈어요. '아, 사람은 이런 존재구나'

그리고 의미 없이 6년을 흘려보내고 중1이 되어서 공부를 새롭게 받아들이게 되었어요. 그러다 보니 선생님도 좋아지고, 공부를 좋아하게 됐답니다.
특히 과학을 싫어하던 재똥이는 과학 선생님이 너~~무 좋아지고, 과학을 무척 좋아하게 되었답니다 ~   -END-

우히! 눈치새셨겠지만 재똥이는 저랍니다!!
저는 선생님을 보면 가끔 저희 엄마가 하시는 똑같은 말하시는 거예요!

게다가 진짜 이거 뻥이 아니고, 진짜 거짓말 안 하고 제가 가르침을 받았던 과학 선생님이 최고이세요.

선생님! 저는 항상 진지하답니다. 그리고 공부하는 것을 좋아하게 해주신 하나님께 감사드립니다. 그리고 선생님을 만나게 해주신 것도, 이 세상에서 걸어가고 있는 것도 모두 다 말입니다.

선생님과 1년 함께한 시간이 벌써 훅! 하고 지나간 것 같아요. 하지만 저는 항상 어느 년보다도 열심히 살았기에 후회하지 않습니다.

끝으로 두마디를 더 할 건데요, 하나는 감사의 말, 또 하나는 기념일 한마디!

항상 고맙습니다, 감사합니다, 사랑합니다!
기다리고 기다리던 2.25일이 옵니다. 가족들과 즐거운 Merry Chrismas

2010년 12월 23일(목)
개구장이 000올림

9.7 순천여중 졸업생이 당산서중학교로 보내온 꽃 편지
선생님께

선생님 안녕하세요? 이제 1992년도 1/3이 지나가고 있습니다.
선생님과 같은 반이 되어서 1년을 같이 생활한 것도 아주 먼 옛날 같아요.

선생님! 지금 담임 맡으셨어요? 너무 멀리 떨어져 있어서 궁금하네요.

들리는 소문에 의하면 임신하셨다고요! 상상이 되네요.
선생님 닮은 예쁜 아기 낳으세요.

저는 지금 4반이거든요. 근데 저희 선생님이 너무 인기가 좋으셔서 그런지 환경 정리도 3학년 언니들이 서로 해준다고 그러질 않나. 우리 반과 자매결연 맺자고 서로 경쟁을 하질 않나. 정말 신경 쓰인다니까요.

선생님! 요즘에도 수업 시간 중에 갈치 장사나 정어리 장사들 지나가나요? 정말 신경 쓰이시죠?(저도 그땐 골때리더구먼유)

여긴 전혀 그런 일이 없어요. 바로 옆이 병원 영안실이라는 거 아시죠. 저녁엔 으스스한 분위기에 으으으~공포(???) 분위기를 조성하고 있지요.

체육대회 때는 저희 반이 30개 반 중에 종합 준우승을 했어요.
물론 제 노력이 많았죠. 뭘 했냐고요? 몸과 마음을 바쳐 이틀 동안 쉬지 않고 목이 다 쉬도록 응원했어요. 그 결과 며칠 동안 말도 제대로 하지 못했고요.

꽃사과의 꽃말은 '현명, 성공'

선생님! 저 보고 싶지 않으세요.
말하지 않으셔도 다 알아요.
하지만 선생님 제가 아무리 보고 싶더라도 참고 견디세요. 어린이 같이 투정 부리고 학교 결근하면 안 되는것 아시죠.

편지가 너무 짧나요. 앞으로 시간 나면 편지할게요.
국어 선생님께도 지난 한 해 동안 신경 써 주셔서 감사했다고 꼭 전해 주세요. 선생님 스승의 날 축하해요.
아참 저희 반 친구들하고는 아직도 연락 계속해요. 편지도 하고 전화도 하고. 대단한 아이들이죠? 선생님 안녕히 계세요.

1992년 5월 11일 9시 57분 5초
지성과 미모를 겸비한 제자 **OOO올림**

9.8 스승의 날 받은 꽃 편지

안녕하십니까? 선생님의 사랑스럽고 이쁘고 귀여운 제자 OO이입니다.

내일은 스승의 날입니다. 그래서 제가 이 세상에서 가장 존경하고 사랑하는 박점희 선생님께 이렇게 편지를 띄웁니다.

2학기가 시작될 무렵, 새로 오신다는 선생님의 소식을 듣고 한편으로 기쁘고 또 한편으로는 슬프기 그지없었습니다.

꽃마리의 꽃말은 '나를 잊지 마세요'

막상 선생님을 담임선생님으로 모신 후의 생활은 지옥과 천당에 비유할 수 있었습니다.

조그마한 일 하나하나까지 신경을 써 주시고, 또 우리들의 사소한 잘못까지도 뉘우치고 반성하게 도와주시는 선생님의 인자하시고 자상한 모습은 한 소녀 천사라고나 할까요?

실수, 선생님은 이제 소녀도 아닙니다. 그렇다고 아가씨도 아닙니다. 이제는 한 가정의 안주인이시자 어머니이시고, 아주머니이십니다. 또 훌륭한 우리들의 스승이십니다. 맞지요?

하지만 선생님의 얼굴은 더욱더 예뻐 보이기만 하는걸요? 17세 정도의 소녀처럼요.

1학년 때 쪽지 평가를 잘 보지 못해 선생님께서 직접 다려주신 쓰디쓴 보약을 먹었던 생각이 납니다. 우리 1학년 3반이 꼴찌에서 면할 수 있었던 것도 선생님께 인정을 받기 시작한 것도 반 아이들의 노력도 있었지만, 선생님의 무섭고 자상하신 성격 때문이지 아닐까라고 생각합니다. 지금은 높고 크신 선생님의 뜻을 알 수 있을 것 같아요.

16일은 저희들이 수학여행을 떠납니다. 마음 같아선 아주 커다란 선물을 안겨 드리고 싶지만, 호주머니 사정을 이해하여 주기 바랍니다.

하지만 제가 커서 어른이 되면 돈을 많이 벌고 훌륭한 사람이 되어 꼭 선생님께 찾아와 인사할 것을 가슴에 손을 얹고 맹세합니다. 제 마음을 이해해 주실 것으로 믿습니다.

올해도 몸 건강하시고 훌륭한 선생님으로 저의 마음속에 남아 주세요. 그럼 안녕히 계세요

1991년 5월 14일
세상에서 선생님을 가장 좋아하는 제자 **00올림**

9.9 1학년 겨울방학 중 받은 꽃 편지

당산서중학교 교정, 노랑 코스모스의 꽃말은 '애정'

박점희 선생님께
선생님 안녕하세요? 저 ○○이예요

정말 밖이 꽤 추워졌어요. 선생님 몸은 건강하시죠?
저는요 많이 게을러져서 이제부터 규칙적인 생활을 해야겠어요.

제가 선생님께 편지를 드리는 것은 다름이 아니오라 안부도 여쭙고 그동안 하지 못했던 말들과 선생님 앞에 서서는 정신없이 말씀을 드렸다가 생각 없이 말씀드렸던 것 등 잘못도 빌고 그렇게 하기 위해 펜을 들었습니다.

이쁜 짓도 하지 못하고 부족하기만 저에게 선생님께서 장학금을 통해서 지극한 사랑의 마음을 대신해 준 것 감사해서 몸 둘 바를 모르겠습니다.

그리고 글씨 또한 썩 잘 쓰는 편도 못 되는데 서기로 뽑아주셔서 학급일지를 씀으로써 1-11반의 한 구성원으로 무언가 하게 해주심을 너무나도 감사합니다.

96년도를 생각해 보면 말도 많고 탈도 많았던 해이지만 1학년 처음 들어와서 여러 가지 일들이 많았던 뜻깊은 해이기도 했습니다.

더욱 중요한 것은 이렇게 1학년 중요한 시기에 좋은 선생님을 만나 뵈어 많이 깨닫고 반성할 수 있도록 도와주신 하나님께 감사드립니다.

선생님. 저번에 버스 안에 앉아서 눈을 감고 계신 선생님을 저도 차를 타고 가다가 우연히 뵈었어요. 선생님의 그 지치신 모습 지금까지 기억에 남아요.

항상 검소하시고 인자하신 선생님과 지내온지도 벌써 다 지나가고 아쉬움만 남을 뿐이에요.

선생님 저도 이제 2학년이에요. 제 지금 심정으로는 항상 바쁘고 유익하게 생활하고 싶은데 제 마음이 변화가 없었으면 좋겠어요.

운이 좋아 2학년 때도 선생님과 같은 반 즉 담임이 되어 주신다면 참 좋겠어요.
항상 가정 적이시고 저희에게는 엄마 같으신 그런 선생님이 너무나도 존경스러워요. 더불어 과학 선생님은 다 좋으신 것 같아요. 제가 물상 선생님도 무척 좋아하고 존경하는데 제가 존경하는 분의 공통점은 전부 과학을 맡으시네요.

선생님 어느덧 편지 1장이 넘어가네요. 선생님 기쁜 새해가 왔어요.
96년도에 있었던 슬픈 일, 기쁜 일들 선생님 추억 속에 고이 접어두시고 새로운 마음으로 97년도를 맞으셨으면 좋겠어요.

끝으로 선생님에 대한 저희 바람은요.
선생님 이마에 주름살 지실 대 없이 항상 보람있고 바쁜 생활을 하시면서 때로는 선생님만의 시간도 갖는 여유로운 마음도 함께 갖고 계신 그런 선생님 되셔서 항상 행복하시길 바랍니다.

항상 선생님 댁내에 행복과 평온함이 두루두루 계속되시길 바라며 이만 펜을 놓겠습니다. 선생님 안녕히 계세요.

1996년 1월 4일
사랑하는 선생님께 제자 OO올림

9.10 선생님! 정말 사랑해요

박점희 선생님께. 선생님 안녕하세요.
우선 편지를 이렇게 늦게 보내드리게 되어 죄송해요. 일찍 보내려 했는데 주소를 잊어버려서 미루다 보니까 개학식이 다 되었네요.

선생님께서는 잘 지내고 계시죠? 저도 잘 지내고 있어요.
방학이 이렇게 빨리 지나갈 줄을 몰랐어요. 눈 깜박이는 사이에 이렇게 지나가 버렸어요.

할 일도 많이 남았고, 사실은 다시 학교 가게 된다는 것이 귀찮기도 해요.

영남중학교 교정, 비덴스의 꽃말은 '조용한 행복'

자유시간 아니 쉴 수 있는 시간이 너무 없어서요. 방학 동안 애들이랑 별로 만나지도 못해서 너무 보고 싶어요.

다시 1학년 때로 돌아가고 싶기도 하고요. 요즘엔 과학부실에 들일 일도 드물어서 선생님 뵙기도 어려워진 것 같아요. 하지만 지나치다 뵈면 꼭 인사를 드릴께요.

아! 제가 머리를 짧게 잘랐는데 많이들 절 이상하게 보시는 것 같아요. 선생님도 그러세요? 사실 저도 이 머리가 조금 이상해 보이거든요. 그런데 미장원 아줌마께서 이렇게 잘라주셨어요. 너무 짧게요. 제가 말한 것을 잘못 알아 들으셨나봐요. 그렇다고 자른 머릴 다시 붙일 수도 없고요. 그래서 앞으로 머리를 기르려고 해요.

선생님! 제가 머릴 이렇게 잘랐다고 저 이상하게 보시지 않으시죠? 이렇게 머리 잘랐다고 절대로 삐뚤은 아이가 되지 않았으니, 만약 염려하셨다면 염려하지 않으셔도 되요.

그리고요. 제가 선생님께 꼭 드리고 싶은 말이 있었어요. 사랑한다는 말이에요. 지금껏 절 이렇게 아껴 주신 선생님이 없으셨거든요.

선생님! 정말 사랑해요!

1997년 8월 19일
제자 OO올림

9.11 어떻게 하면 과학을 즐기면서 공부를 잘할 수 있을까요?

박점희 선생님 안녕하세요. 1학년 3반 OOO입니다.

우선 많은 선생님 중에 박점희 선생님께 편지를 쓰는 이유는 다름 아닌 선생님이 재밌게 수업을 가르쳐 주시고 선생님이 좋기 때문이에요.

산철쭉의 꽃말은 '사랑의 기쁨'

그리고 선생님이 수업 시간마다 주시는 학습지에 정리하는 것이 재밌고 나중에 정리한 학습지를 보면 뿌듯해져요.

또한 초등학교 때는 과학을 (재미없음·보통·매우 재밌음) 3단계로 하면 보통보다 조금 더 재미있었는데, 중학교 와서는 박점희 선생님 덕분에 과학이 (재미없음·보통·매우 재밌음) 3단계에서 매우 재밌음에서 약간 아래 정도로 더욱 좋아지고 재밌어졌어요!

선생님께서 가끔 수업 중간중간에 들려주시는 이야기들도 재미있어요. 그래서 궁금한 점이 생겼어요. 어떻게 하면 과학을 즐기면서 공부를 잘할 수 있을까요? 그리고 이과에 들어가려면 수학, 과학을 잘해야 하잖아요. 선생님이 과학과 수학을 공부하셨던 방법을 알려주실 수 있나요? ㅎㅎ

제가 이렇게 이과 관련 질문들을 하는 이유는 이과에 들어가고 싶고, 수학과 과학에 관심이 많고 그 과목들이 재밌기 때문이에요!

앞으로도 선생님의 수업 열심히 들을게요! 이만 줄일게요~
PS. 스승의 날 축하드리고 앞으로 잘 부탁드려요!!

2022년 5월 12일(목)
박점희 선생님의 제자 **OOO올림**

9.12 창덕여중에서 제자의 꽃 편지

창덕여자중학교 교정, 장미의 꽃말은 '사랑과 열정'

1. 선생님 안녕하세요! 늦었지만 스승의 날 축하드려요♥

이번에 과학 탐구대회 토론 대회도 그렇고 저번에 전교 회장 선거 때에도 신경 많이 써주셔서 감사합니다.

수업 시간에 하나라도 더 알려주시고, 이해하기 쉽게 열심히 설명해주셔서 어려운 부분인데도 쉽게 이해가 되었어요. 다음 시험에서는 과학 B 다 맞을 수 있도록 하려고요! ㅎㅎ

전교 회장 선거하고 나서 속상했었는데 그때 선생님께서 좋은 말씀 해주셔서 지금도 생각나요!

1학년 때 과학 방과 후 때도 실험도 많이 하는 것이 지금까지 많은 도움이 되는 것 같아요.

항상 감사합니다. 아프지 말고 항상 건강하세요! 사랑해요♥

2. 음악CD를 저에게 주셔서 정말 감동을 받았습니다.

선생님 안녕하세요. 000입니다. 이제 과학 수업이 끝나서 너무 아쉽네요.

선생님께서 설명해 주실 때면 금방 학습해서 고개를 끄덕이곤 했는데 방학 동안에는 그러지 못하잖아요.
그리고 2학년 때도 선생님을 다시 만날지 정확하지 않고요. 선생님이 정말 많이 그리울 것 같아요.

참 선생님께서 김록환 선생님의 음악CD를 저에게 주셔서 정말 감동을 받았습니다. 너무 유익했고요. 언제나 감사드립니다. 사랑해요.

9.13 영남중학교에서 담임을 맡을 때 학생의 꽃 편지

박점희 선생님께 선생님 안녕하세요? 저 OO 이에요.

이제 날씨가 더워지네요. 초여름인가 봐요.
선생님은 어느 계절을 좋아하세요. 전 겨울을 좋아해요.
하지만 여름도 그 나름대로의 매력이 있으니까 뭐...

선생님께서 저희 담임선생님이라는 것을 처음 알았을 때 저는 무척 기뻤어요. 제가 아는 선생님이라서도 그렇고 참 좋은 선생님 같았었거든요.

저희 예상대로 선생님께서는 정말 좋으신 분이세요. 항상 저희 반을 위해 애쓰시는 모습이 참 보기 좋아요.

사실 전 과학에 그리 관심이 있는 것은 아니지만 선생님께서 생물을

영남중학교 교정, 종지나물의 꽃말은 '성실, 겸손'

맡아서 그런지 생물이라는 과목에 더욱 관심을 갖게되요.
선생님 ! 앞으로도 선생님 기대에 어긋나지 않는 OO이가 되도록 노력하겠습니다. 지금까지 저를 잘 보살펴 주셔서 감사하구요.

앞으로도 더 좋은 수업 부탁드립니다. 그럼 이만 줄일께요.
선생님 행복하세요~

2000년 5월 15일
제자 OOO올림

9.14 여름방학 1급 정교사 연수 중 받은 편지

보고 싶은 선생님께

선생님 안녕하세요?
정말 미쳐버릴 것만 같은 더위입니다.
선생님도 저처럼 고달프게 수업을 받고 계시겠죠?

오늘로 보충수업도 이틀째에 접어드는데 전 악몽을 꾸는 것 같아요.
다섯 시간 동안 무거운 눈꺼풀과 싸워야죠. 게다가 선생님들의 눈초리는 왜 그리 매서운지.

선생님. 선생님도 괴로우시죠? 참! 선생님은 저보다 더 수업을 많이 받죠? 이렇게 더워도 선생님은 잘하실 거예요. 우리 반의 55번이자 담임선생님 이시니까요.

선생님 대신에 가르쳐 주시는 선생님은 정말 엄청난 키였어요.

수국의 꽃말은 '사랑, 진심'

첫 수업 시간에 들어오셨는데 우리 반 모두 놀랐어요.
그 전 시간은 모두 키가 작으신 선생님이었는데 갑자기 엄청난 키의 선생님을 보려니까 목이 너무너무 아팠어요.

키가 크신 선생님은 저희가 더워서 부채를 해도 아무 말씀 안 하시는 거예요.
다른 선생님들은 수업 시간에 부채질하면 째려보는데요.
전 너무 미안해서 선생님이 안 보실 때만 얼른 부채질해요.

아! 참 부담임 선생님이신 가사선생님은 정말 좋으신 분이시지만, 공부하란 소리만 하세요.

전 선생님이 무척 보고 싶어요. 첫 줄에 '사랑하는 선생님'이라고 쓰고 싶었지만 '보고 싶은'이 더 어울리는 것 같았어요. 제 편지가 반가우시죠? (금방 선생님께서 "고럼"이라고 하실 것 같아요)

우리 반 애들은 너무 더워서 반바지를 입고 싶어 하는데 00는 자신 있게 반바지를 입고 다니고, 00는 차마 반바지를 입을 수가 없어 치마를 오늘 입고 왔어요. 국사 선생님이 보충수업 중에도 반바지를 입어선 안 된다고 했거든요.

전 반바지 때문에 목숨 거는 일은 하고 싶지 않아요. 그래서 더운 날씨에도 긴 바지를 입어요.

선생님. 안 그래도 까마신 얼굴이 더 타지 않을까 걱정이에요. 피부관리에 유의하세요.

시원한 수박 많이 드세요. 차가운 것 많이 먹으면 설사하니까 주의하세요.

공부 열심히 하는 것 잊지 마시고요. 제 이야기만 한 것 같아 죄송해요. 선생님 또 편지 쓸게요. 안녕히 계세요.

추신 : 선생님! 이 하드(아이스크림 바) 드시고 공부 열심히 하세요.

1991년 7월 23일 화요일
OO드림

9.15 '어서 빨리 나아, 선생님의 은혜에 보답하는 제자가 되어야지'

존경하는 박점희 선생님께

사철 푸르르던 나무들이 어느새 흰 옷으로 온몸을 단정하고 다시 찾아올 봄의 여신을 맞이하여 매서운 바람에도 아랑곳 않고 꼿꼿이 서 있는 이 추운 날씨에 건강은 어떠하십니까?

저는 선생님의 영원한 제자 OOO입니다.
43명의 친구, 그리고 선생님과 1학년 11반이라는 한 배에 탄 지도 엊그제 같은데 세월은 흘러가는 강물처럼 너무나 빨라 어느새 중학교 1학년 겨울방학을 마무리하는 때가 되었다니...

친구들과 함께 숨 쉬며 생활하면서 즐거웠던 일도 많았지만, 그와 반대로 안타깝고 슬펐던 일도 많았던 것 같습니다.

가장 즐거웠던 일은 무엇보다도 서울대공원으로 사생대회를 갔었을 때 였습니다. 평소에 갈고 닦았던 문예와 미술 솜씨를 마음껏 발휘할 수 있었던 계기였고, 게다가 서늘한 가을 날씨, 울긋불긋한 단풍잎에 조화 가운데 이 같은 활동을 할 수 있었기 때문에 그때의 기쁨과 즐거움은 말로 형용할 수 없을 만큼 컸답니다.

그리고 제가 가장 슬펐던 일은 아파서, 학교를 2일이나 빠져야 했던 기억입니다. 국민학교의 6년 생활에도 지각 한번 해보지 않고 항상 개근이었던 저에겐 2일간의 결석이라는 것은 정말 충격적이고도 가슴 아픈 일이었습니다.

그러나 이 일로 인해 저는 많은 다짐을 하게 되었답니다. 앞으로 세상을 살아갈 때 가장 중요하게 생활할 것은 첫째도 건강이요 둘째도 건강이며 셋째도 건강인 것을 말이에요. 그래서 충실한 건강관리로 다시는 어제와 같은 일이 일어나지 않도록 말이에요.

선생님! 저는 이번 방학 동안에 앞에서 말씀드렸던 것과 같이 건강의 중요성을 새삼 깨닫는 계기가 되었습니다. 독감에서 장염으로 발전한 전 6일 동안 아무것도 먹지 못하고 급기야 병원에 입원해 무시무시한 링게를 맞고 있어야 했답니다.

당산서중학교 교정, 애기똥풀의 꽃말은
'엄마의 지극한 사랑'

아휴~ 정말 생각만 해도 끔찍한 일이어서 불 규칙적인 식습관을 버리고 규칙적인 식생활을 하기에 노력하고 있습니다.

그리고 제가 아플 때 선생님께서 많이 걱정해 주셔서 정말 감사드려요. 선생님께서 말씀하신 격려의 한마디 한마디가 병원에 있는 동안 얼마나 큰 힘이 됐는지 모릅니다.

또한 교단에서 작은 체구에도 아이들에게 하나라도 더 깨우쳐주려고 온 힘을 다해 가르치시는 선생님의 열성적인 모습을 생각하면 '어서 빨리 나아, 선생님의 은혜에 보답하는 제자가 되어야지' 하고 다짐을 하기도 했답니다.

선생님! 저는 방학 동안 매우 뜻깊고 보람 있는 나날을 보내고 있습니다. 평소에는 많이 즐길 수 없었던 취미생활, 체력 활동, 그리고 닫혀 있었던 제 마음을 활짝 열어준 독서 하면서 마음의 양식을 쌓고 있답니다.

아참, 제가 너무 제 얘기만 한 것 같네요. 선생님께서도 뜻깊게 방학을 보내고 계시겠죠? 짧지만 평소 부족했던 것들을 마음껏 보충할 수 있는 기간인 방학을 보다 보람 있고 뜻깊게 보내시기를 저 00이가 빌게요. 남은 방학 동안에도 후회되지 않는 시간이 되시기를 기원합니다.

선생님! 앞으로도 지금까지 보여드린 저 00이의 모습보다 한 단계 성숙해진 모습으로 정진해 나갈 것을 선생님께 약속드립니다.

그리고 결코 선생님의 기대에 어긋나지 않는 제자가 되도록 노력하겠습니다.

또한 1학년이 마치고 2학년에 들어가서도 선생님의 은혜 절대로 잊지 않을 거예요.

빙판길 미끄러우니 조심하시고 감기 걸리지 않도록 건강 조심하세요.
선생님 안녕히 계십시오.

1997년 1월 19일
선생님의 사랑스러운 제자 OOO올림

9.16 2학년 때도 과학을 선생님께 또 배우고 싶어요

선생님 안녕하세요? 저 OO이에요. 벌써 1학년이 다 지나갔네요.

먼저 한 해 동안 잘 가르쳐주셔서 너무 감사합니다.

선생님과 지낸 1년을 생각해 보니까 정말 짧은 것 같아요. 재밌던 일도 있었고 안 좋았던 일도 있던 것 같아요.

영남중학교 교정, 코스모스의 꽃말은 '사랑과 아름다움'

다른 선생님보다 선생님은 너무 착하신 것 같아요.

2학년 때는 과학을 꼭 100점을 맞아야겠어요. 과학은 준비를 다 해놓고 자신감도 있는데 시험을 보면 한두 개를 꼭 실수 하거든요.

2학년 올라가서도 선생님 같은 착한 선생님을 만나고 싶어요. 2학년 때도 과학을 선생님께 또 배우고 싶어요.

그리고 2학년 땐 책 좀 많이 읽어야겠어요. 그리고 선생님 말씀 잘 들을게요.

요즘에 날씨가 부쩍 더 추워진 것 같아요. 감기 조심하시고요. 아프지 마시고 항상 건강하세요.

새해 복 많이 받으시고요. 이만 쓸게요.

2002년 12월 28일
선생님의 제자 OO드림

9.17 선린중학교 학생의 아름다운 꽃 편지_1학기 수업을 마치는 날

과학 선생님 점희쌤! (아름다우신 꽃 선생님)

선생님 안녕하세요. 2학년 OOO입니다. 다 알고 계시려나요. ㅎㅎ 과학 수업을 열심히 들었는데 모르시지는 않으시겠죠.

1·2학년 때 선생님의 과학 수업을 들었는데 너무 좋았어요. 특히 다른 수업에서는 하지 않는 박수 체조나 박지성 체조가 오랫동안 기억에 남을 것 같아요.

그리고 PPT 발표수업도 보람차고 재미있었어요. 제가 발표한 부분은 시험에서 모두 맞아서 되게 뿌듯했고요.
수업을 진행하실 때 이런 것들을 같이 하셔서 집중이 더 잘되었고, 선생님께서 저희를 위해 정말 최선을 다해 수업하고 있음이 느껴졌어요.

이게 바로 선생님을 잊지 못할 것 같은 이유 중 하나에요. 제 기억 속에 선생님은 정말 오래오래 남을 것 같아요. 그러니 선생님은 저를 잊으시면 안 돼요.

아마 선생님을 보는 건 방학식이 마지막일 지도 모르겠지만 우연히 길에서 만난다면 '어 00이니' 하고 알아봐 주세요.

그럼 저도 '오! 점희쌤'하고 반갑게 인사를 드릴게요.

선린중학교 교정, 백합의 꽃말은 '순수한 사랑'

그럼 앞으로도 건강하게 잘 지내시길 바라며 1년 반 동안 수고하셨습니다. 그리고 감사합니다.

2025년 7월 방학식 날

000올림

9.18 과학을 좋아하는 학생들의 꽃 편지 모음

1) 선생님 안녕하세요. 저 OO입니다.

전 원래 과학을 싫어했는데 이번에 선생님을 만나면서 과학이 좋아졌어요. 과학은 매일 실험하고 적고 이런 게 주된 할 일이잖아요. 그런 것 반복만 하니까 과학이 너무 지루했어요.

하지만 지금은 과학이 너무너무 재밌어요. 수업 시간이 정말 즐거워요.

어쨌든 이번에 선생님하고 같은 반이 되었으니까 선생님 반에서 공부 열심히 할게요~ 그리고 점희쌤! 항상 감사하고요.

2) 안녕하세요? 선생님 저는 1학년 2반 OOO입니다.

선생님 덕분에 과학을 좀 더 쉽고 재미있게 배울 수 있게 됐어요.

예전에는 과학이 어려웠는데 선생님이 재미있게 수업해 주신 덕분에 과학에 관심이 생겼어요.

비록 이번 시험에서는 좋은 점수를 받지 못했지만, 다음 시험에서는 열심히 공부해서 좋은 점수를 받기 위해 노력하겠습니다.

또 저희를 위해 애쓰시고 노력해 주셔서 감사합니다.
저희 반이 1학년 중에 사건 사고가 많은 반임에도 변함없이 저희를 아껴 주시고 사랑해 주셔서 감사드립니다.

남은 1년도 잘 부탁드립니다. 선생님 항상 존경하고 감사드립니다.

2024년 5월 16일

OOO올림

3) 선생님 안녕하세요. OOO입니다. 처음으로 편지를 쓰게 되었어요.

제가 선생님 덕분에 과학을 좋아하게 되어 감사하는 마음으로 편지를 쓰게 되었어요.

사실 전에는 과학이 복잡한 과목이라고 생각했었던 것 같았던 것 같아요. 하지만 지금은 선생님의 즐거운 수업 덕에 과학이 즐거워지고 있어요.

언제나 꼼꼼하고 섬세한 설명이 저 OOO를 이렇게 변화시켜 주었다고 생각합니다.

선생님! 이제부터는 더 열심히 과학 공부를 해서 절대로 뒤처지지 않는 A+학생이 되도록 노력하겠습니다.

선생님! 존경하고 사랑합니다

2010년 따스한 어느날 제자
OOO올림

4) 선생님 안녕하세요. 저 부회장 OO에요.

짧은 시간이었지만 철없는 저희를 어머니처럼 돌봐주시고, 타일러주시며 많은 사랑을 주셔서 감사합니다.

항상 과학 시간에 저희에게 하나라도 알려 주시려고 열심히 지도해 주신 것 또한 감사하게 생각하고 있습니다.

앞으로 남은 시간 저희 반의 임원으로서 더욱 모범을 보이고 선생님을 도울 수 있도록 노력하겠습니다.

OO올림

5) 선생님 안녕하세요? 저 OO이에요 ㅎㅎ

"선생님의 은혜는 하늘 같아서 ~ 우러러 볼수록 높아만 지네~"
이 노래처럼 항상 저에게 많은 관심과 사랑을 주셔서 감사해요.

이번 과학시험을 잘 본 것도 선생님 수업에 집중해서 그런 것 같아요.
그래서 항상 감사드리고요.

엄마 같은(?) 선생님 만나 너무너무 행복해요.
저희가 사춘기가 왔을 시기라 좀 힘드셨을 텐데 항상 힘! 내세요
선생님 사랑해요

선생님의 제자
OOO 올림

6) 선생님 안녕하세요? 저는 1학년 2반의 활발한 OOO입니다.

제가 이 편지를 선생님께 쓴 이유는 선생님이 저희에게 과학 공부를 가장 쉽게 가르쳐 주셨기 때문이에요.

사실은 제가 과학을 잘못해요. 그래서 되도록 열심히 하려고는 하는데 그게 잘 안되니 힘들어요. 정말 죄송해요.

그렇지만 !! 지금부터라도 늦지 않았으니깐 한번 열심히 공부해 볼게요.
선생님 사랑합니데이 ~ ♥

2010년 5월

활발한 OO드림

7) 선생님은 정말 친절하시고요. 수업도 너무 재미있어요!

과학 선생님 안녕하세요. 저는 1학년 2반 OOO이에요.
과학 말고도 국어나 영어 같은 다른 과목 선생님들도 많이 계시지만 과학이 재미있고, 선생님도 친절하셔서 선생님께 편지를 써야겠다는 생각이 들었어요.

선생님! 선생님은 정말 친절하시고요. 수업도 너무 재미있어요!

초등학교 때까지만 해도 과학을 좋아하지는 않았는데요.
중학생이 되고 또 선생님과 함께 여러 가지 실험들도 직접 해보고, 설명도 잘 해주시고 하니깐 과학이 좋아졌어요.

그래서 지난 중간고사 때 과학 공부를 열심히 했더니 100점은 아니고 97점 이지만 생각보다 시험을 잘 본 것 같았어요.

선생님! 가끔 저희 반 수업 분위기가 좀 안 좋을 때가 있어서 죄송해요.
앞으로는 그런 일이 없도록 할게요.

아무튼 선생님! 앞으로 잘 부탁드립니다.

OOO 올림

8) 과학 잘한다고 칭찬해 주시는데 정말 감사드려요

박점희선생님 보세요. 선생님 안녕하세요? 저 00입니다.

저도 '선생님'을 해볼까, 생각 많이 하는데요. 선생님은 참 힘든 직업인 것 같아요. 피곤해하시는 모습을 보면 더 그런 것 같고요.

초등학생 때엔 1학기가 참 느리게 지나가더니 중학생이 되니까 시간이 참 빨리 가네요. 저에게 과학 잘한다고 칭찬해 주시는데 정말 감사드려요.
주제 없는 이야기만 하고 있네요. 하하...

매일 신경 써 주시고 걱정해 주셔서 감사합니다.
'오늘은 특별한 일 없었니?'라고 종례 시간마다 물어보셨었는데 이런 사소한 것도 기분이 좋네요.

더 쓰고 싶지만, 이만 펜을 놓아야겠습니다.
매일 매일 건강하시고 언제나 행복하세요.

2010년 5월 14일
선생님의 제자 000올림

9) 꽃처럼 아름다우시고 마음도 아름다우신 최고의 과학 선생님

선생님 안녕하세요?

저는 과학 수업에서 4단원 식물과 에너지 단원의 식물의 호흡과 광합성이 가장 기억에 남습니다. 그리고 과학발표 수업 준비 과정에서 반 친구들에게 수업 내용을 발표해서 알려주는 것이 가장 보람되고 기억에 남는 경험이었습니다.

선생님!

선생님은 선생님이 좋아하시는 꽃처럼 아름다우시고, 외적으로도 엄청 아름다우시고, 내적으로도 학생들을 위해서 꽃 사진을 전문가처럼 잘 찍으시고 보여주신 마음이 너무 아름다우십니다.

과학 수업에서 저희가 모르는 부분을 가르쳐주시고 심화부분도 수업 시간에 알려주셔서 너무 재밌고 유익한 과학 시간이었습니다.

선생님은 꽃처럼 아름다우시고 마음도 아름다우신 최고의 과학 선생님이십니다.

10) 꽃처럼 아름다운 박점희 선생님 감사해요! ♥

선생님께서는 얼굴도 아름다우시고 내면까지 아름다우셔서 2배 3배로 아름다워 보이시는 것 같습니다.

그리고 항상 우리 수업에 항상 열정적이신 모습 또한 너무 감사드립니다.

선생님께서 작년에 담임선생님으로 만나서 지금은 과학 선생님으로 다시 만나게 되어서 정말 영광인 한 해가 될 것 같습니다.

꽃처럼 아름다운 박점희선생님 감사해요!❤

11) 선생님! 직접 해보았던 실험들이 기억에 남습니다.

선생님 안녕하세요?

과학 수업 때 식물 단원에서 실험이 흥미로웠습니다. 또 현미경으로 엽록체를 관찰하는 것도 재미있었습니다. 직접 해보았던 실험들이 기억에 남습니다.

과학 발표수업을 준비하면서 내가 수업을 준비해서 발표하는 것이 뿌듯하기도 했습니다. 또 자료조사를 하면서 교과서에 나오는 것보다 더 많고 흥미로운 자료를 정리하면서 더 배우게 된 것 같습니다.

선생님! 항상 학생들을 아끼고 위하시는 모습이 아름답고 멋집니다.

1학기 가르쳐 주셔서 감사했고, 2학기도 잘 부탁드립니다.

12) 선생님처럼 아름다운 벚꽃을 표현하였습니다

선생님! 저는 호흡에 대해 배웠던 것이 가장 인상 깊었습니다.

왜냐하면 과학에서 식물의 호흡에 대해 배우기 전에 식물은 당연히 이산화탄소를 들여 마시고 산소를 내뱉는 줄 알았는데, 사실 빛이 없을 때는 호흡만 해서 이산화탄소를 내뱉는다는 것이 정말 신기하고 흥미로웠습니다.

또 광합성으로 포도당을 생성해서, 녹말로 바꾸었다가 설탕으로 바꿔서 체관을 통해 이동한 후 식물마다 다른 형태로 저장한다는 것이 신기하고 재밌었습니다.

그리고 발표 준비를 할 때 PPT(발표 자료)를 만들었는데, 친구들이 알아보기 쉽게 간략히 정리하고 도움이 될 만한 영상을 찾아보면서 제가 준비한 발표 자료가 친구들에게 도움이 된다는 것이 보람찼습니다.
또 친구들이 저와 제 친구들이 준비한 발표를 들으면서 과학에 대해 더 이해할 수 있었다는 것이 보람찼습니다. 그리고 직접 발표하면서 저도 발표 준비한 단원에 대하여 쉽게 이해가 되었습니다.

저는 선생님께서 매우 아름답다고 생각합니다. 먼저 선생님의 웃음은 진짜 너무 아름답습니다. 웃으실 때 선생님의 눈이 진짜 아름답습니다. 또 선생님 코와 입이 진짜 이쁘십니다. 그리고 선생님의 스타일이 진짜 너무 좋으십니다.

선생님께서는 마음씨도 얼굴도 아름다우신 진정한 미인이십니다.
항상 따뜻한 마음으로 저희를 가르쳐 주셔서 감사합니다.

선생님처럼 아름다운 벚꽃을 표현하였습니다
항상 감사하고 모레가 대회 잘 부탁드립니다♡

13) 선생님 사랑해요♥

항상 예쁘신 과학선생님!

선생님께서 과학실에 온 저희를 밝게 맞이해 주실 때 예쁘십니다.
저희에게 과학을 열심히 설명해 주실 때 예쁘십니다.
밝게 웃으시며 꽃을 설명해 주실 때 예쁘십니다.
복도에서 마주치면 인사해 주실 때 예쁘십니다.

선생님은 항상 예쁘십니다!!!

14) 선생님께서 직접 찍으신 꽃들을 매일 수업마다 보여주셔서 감사합니다.

선생님 안녕하세요?

처음에 과학 수업 발표 조를 정할 때 두 명이 하는 조에 당첨이 되어서 열심히 자료조사와 PPT 제작을 혼자서 열심히 하고 영상도 찾느라 힘이 들었지만, 결과가 좋아서 기억에 남습니다.

선생님을 닮은 꽃은 없다고 생각합니다. 그 이유는 아름다운 박점희 선생님은 꽃보다 더 예쁘시고 아름다우시고 아이돌보다 더 아이돌 같은 외모를 가지고 계십니다.

선생님은 외모뿐만 아니라 학생들을 좋아해 주시고 학생들의 말에 귀를 기울여주시고 학생들을 사랑으로 품어주시는 것을 보고 선생님이 천사인 줄 알았습니다.

매일 매일 학생들을 보시고 먼저 인사해 주시고 학생이 아프면 그 학생을 걱정해 주시는 마음이 너무 아름다우십니다. 또한 선생님은 선생님께서 직접 찍으신 꽃들이 매일 수업마다 보여주시고 여러 가지 정보를 알려 주시는 모습도 정말 감사하고 아름다우십니다.

또 매주 월요일마다 청소할 때 칭찬도 해주시고 좋은 말씀을 많이 해주시는 선생님이 아름답고 예쁘시다고 생각합니다.

이러한 이유로 선생님은 선린중학교에서 가장 아름다우신 선생님입니다.
2학기에도 열심히 가르쳐주세요~^^

2학년 OOO 올림

4부
꽃과 꽃 그림

10장
내가 소장한 꽃 그림 🌸

나는 언제부터인가 꽃 그림을 좋아하고 있었다. 가족이 한 작품 두 작품을 가지고 집에 오는 순간 나도 모르게 그림을 좋아하게 되었다. 정확히 말하면 그림 중에 꽃이 그려져 있는 작품에 관심을 가지게 되었다.

예전에도 미술관이나 갤러리를 쓱 지나가기보다는 들어가서 잠깐이라도 보고 마음에 드는 작품은 가격에 엄두가 나지 않아 전시회 책자라도 사고 집에 와서 한참이나 보곤 하였다.

요즘은 가족 덕분에 미술 힐링 강좌에도 따라가 보고 그림 관련한 책을 보기도 하면서 나의 안목을 넓히기 위해 노력하고 있는 자신을 보게 되었다.

그래서 꽃 그림과 꽃을 배경으로 하는 그림, 나무를 배경으로 하는 그림 등을 내가 생활하는 공간 여러 곳에 전시하였다.

다음에 소개한 작품은 소장한 작품 중 꽃과 나무와 관련된 그림이다.
그 일부를 소개하고자 한다.

10.1 해바라기

해바라기는 쌍떡잎식물 초롱꽃목 국화과의 한해살이풀이다.

해바라기는 태양을 닮은 꽃으로 사랑·희망·긍정적 에너지를 전달하는 꽃으로, 해를 바라보는 꽃이어서 밝고 긍정적인 기운과 행운을 불러온다고 여겨진다.

특히 해바라기 그림은 번영과 성공 사업 번창, 부의 상징으로도 많이 쓰이며, 항상 태양을 향해 한 방향으로만 바라보는 해바라기는 충성·존경·믿음의 의미도 있으며, 언제나 태양을 향하는 자세로 인해 변치 않는 사랑과 희망을 상징하기도 한다.

몽우 조셉킴 화백의 2020년 작품 '해바라기'는 노란 꽃병에 꽂힌 정물인 듯 세 송이의 해바라기는 일상 속 조화로운 관계와 시간의 흐름을 상징적으로 표현하기도 하며, '하늘·땅·사람'의 조화 또는 '과거·현재·미래', 희망과 상징적 의미를 내포하고 있는 듯하다.

10.2 모란

모란은 목단(牧丹)이라고도 하며, 속씨식물(쌍떡잎)로 5월에 꽃이 피며 꽃의 색깔은 붉은색과 흰색이다.

모란은 꽃이 화려하여 위엄과 품위를 갖추고 있는 꽃으로, 부귀화(富貴花)·꽃 중에 왕이라고 불린다.

몽우 조셉킴 2010년 작품 '목단'은 색이 붉어 아침의 기운으로 온 세상의

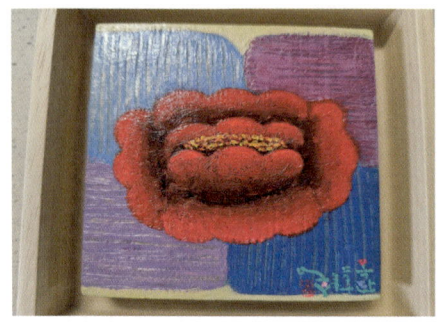

풍요로움을 담고 만사형통·부귀·풍요를 의미한다. 해가 떠서 빛이 온 세상에 퍼져 생동하여 만물이 풍요롭고 행복해지는 세상을 표현하였다.

10.3 장미

장미는 쌍떡잎식물 장미과로 5월에 꽃이 가장 아름답게 피는 꽃이다.

장미는 색상에 따른 꽃말은 빨강은 열렬한 사랑, 흰색은 순결함과 청순함, 노랑은 우정과 영원한 사랑을 의미한다.

몽우 조셉킴 화백의 2019년 작품 '장미'는 노란 꽃병에 총 다섯 송이의 장미가 다양한 색상으로 피어있다.

장미는 색상에 따라 빨간색 장미는 정열적인 사랑·낭만적인 사랑·열정·열망·용기·아름다움, 노란색 장미는 변하지 않는 사랑·우정·환영·질투·이별·집착, 주황색 장미는 첫사랑의 고백·수줍음, 분홍색 장미는 행복한 사랑·사랑의 맹세·감탄·감사·우아함, 흰색 장미는 순결·순수·새로운 시작·젊음·숭배·존경을 의미한다. 여기에 다섯 송이의 장미는 "당신을 만난 것에 진심의 기쁨을" 의미한다고 한다.

10.4 들꽃

들꽃은 재배하지 않은 야생에서 자라는 꽃으로 야생화(野生花)라고 불린다. 들꽃은 사람의 손을 타지 않고 야생에서 자란 꽃을 말하며, 들꽃인 야생화는 양지, 반양지 식물이 많다. 들꽃은 모든 꽃 피는 식물을 가리킬 수 있으며, 이름 모를 들꽃도 잘 알려지지 않은 꽃이 참으로 많다.

성하림 화백의 2019년 작품 '풀꽃'은 달 항아리에 이름 모를 들꽃들이 하얀 달항아리에 피어있는 그림이다.

거실 탁자 위 달항아리 형태의 꽃병에 놓인 들꽃 그림을 통하여 대자연에서 느끼는 기쁨을 우리가 생활하는 공간에서 느낀다. 특히 화려하고 다양한 색상의 이름 모를 들꽃을 매일 봄으로써 자연의 순수한 마음과 밝은 마음이 우리 마음에 가득히 채워진다.

들꽃을 담고 있는 달항아리는 물이 가득 담겨 있어서 부요하고 풍요로움을 상징하며, 물을 통하여 꽃이 살아가듯 우리네 삶도 들꽃 그림을 보며 매일 기쁨과 행복을 찾아가고 있음을 그림은 보여주고 있다.

10.5 진달래

진달래는 쌍떡잎식물 진달래목 진달래과의 낙엽관목으로 참꽃 또는 두견화로, 높이는 2~3m이다. 3월 말~4월 중순까지 분홍빛으로 피어나며, 꽃은 4월에 잎보다 먼저 핀다.

성하림 화백의 2020년 작품 '달항아리에 핀 진달래'는 푸른 색상을 띠는 달항아리에 붉게 피어난 진달래를 표현하였다. 진달래는 우리나라 사람들에게 가장 친근한 봄꽃 중 하나로 꽃은 인생의 전성기를 뜻하고 항아리는 결실을 담아내는 기운으로 풍요롭게 피어나고 그 결실이 밖으로 새 나가지 않고 오롯이 모아 번영과 풍요를 이룬다.

이 작품은 진달래의 생명력과 활기를 넣기 위해 색채와 터치의 역동적인 인상만 넣고 세세한 표현을 하지 않는 추상적 표현으로 보는 사람의 느낌에 따라 감상하는 느낌이 각기 다를 수 있다.

10.6 장미

장미는 쌍떡잎식물 장미과에 속하는 관목 식물로, 꽃의 아름다움과 향기로 인해 고대부터 인간 문명과 밀접한 관계를 맺어온 식물이다.

장미는 5월에 꽃이 가장 아름답게 피는 꽃으로, 색상에 따라 빨강은 아름다움·용기·열렬한 사랑, 노랑은 기쁨·우정·영원한 사랑을 의미하며,

장미꽃은 모든 기쁨의 광명들로 우리의 삶을 환하게 비추고 있는 느낌이다.

성하림 화백의 2022년 작품 '달항아리와 장미'는 붉은 장미와 노란 장미로 이는 쾌활하고 행복함을 의미하며, 장미 8송이는 당신의 배려·마음 씀씀이에 감사하는 의미를 담고 있다. 푸른색과 하얀색의 달항아리는 모든 것을 포용하고 담아내 부요하고 풍요로운 의미를 담고 있다.

10.7 맨드라미

맨드라미는 쌍떡잎식물 비름과로 1년생 초본으로 개화 시기는 7월~8월이다. 꽃말은 열정과 시들지 않는 사랑으로 건강에도 좋은 꽃으로 알려져 있다.

성하림 화백의 2023년 작품 '복'은 붉은 맨드라미 꽃 한 송이가 활짝 피어있고 여기에 물을 가득 채울 수 있는 장독대를 연상하는 항아리가 있어서 만사형통과 풍요로움을 담고 있다.

여기에 꽃이 먼저 피고 잎이 나중에 나오는 전형적인 봄꽃으로 3월 말 ~4월 초에 꽃이 피는 복숭아꽃(복사꽃)이 보인다. 깨끗한 연분홍인

복사꽃 한 송이는 꽃잎 다섯 장이 단정하고 기품 있는 모습으로 꽃잎 수술은 금실처럼 빛나고 있어서 결혼이나 사랑, 행복, 여성스러움과 순수·우아함을 나타내며 행운과 번영을 상징하고 있어서 보는 이로 하여금 복이 들어오고 있음을 보여준다.

10.8 동백꽃

동백나무의 동백꽃은 동백나무의 붉은 꽃이며, 차나무과 동백나무 속에 속하며, 사시사철 푸름을 유지하나 향기가 나지 않는다.

동백꽃은 경칩이 되기 훨씬 전부터 피며, 11월 말부터 꽃을 피우기 시작해서 2~3월에 만발한다. 대부분 꽃은 꽃잎이 하나하나 떨어지며 지는데, 동백꽃은 꽃이 질 때 꽃잎이 전부 붙은 채 한 송이씩 통째로 떨어진다.

동백꽃의 꿀을 가장 좋아해 자주 찾아오는 새가 바로 동박새다. 동백꽃은 꿀이 많아 꿀벌과 나비 등의 곤충이 찾아오며, 꽃이 피는 기간이 길어서 남부지방에서는 밀원수종이다.

김예당 화백의 2017년 작품 '동백꽃과 동박새'는 아침의 붉은 기운으로 겨울을 이겨낸 동백꽃을 표현하였고, 꽃이 붉고 꽃술이 노란색이어서 부귀의 의미가 있다. 동백꽃이 피면 꿀을 찾는 동박새가 찾아옴으로써

이는 상생과 공생의 의미로 특히 부부가 서로 존중하고 정을 나누며 서로 성장하고 살아간다는 의미가 있다.

10.9 해바라기

해바라기는 쌍떡잎식물 초롱꽃목 국화과의 한해살이풀이다.

태양을 닮은 꽃으로 항상 태양을 향해 한 방향으로만 바라보는 해바라기는 사랑·희망을 상징하며, 해를 바라보는 꽃이어서 밝고 긍정적인 기운과 번영과 부의 상징이다.

몽우 조셉킴 화백의 2019년 작품 '해바라기'는 세 송이의 해바라기를 노란 탁자 위에 노란 꽃병에 있는 모습으로 표현하였다. 이는 노란색이 황금색으로 풍요로움을 상징하며, 예부터 씨앗이 많아 후손이 많고 복이 많아 결실을 많이 거둔다는 의미가 있다.

10.10 장미

장미는 쌍떡잎식물 장미과로 5월에 꽃이 가장 아름답게 피는 꽃이다.

장미는 색상에 따른 꽃말은 빨강은 열렬한 사랑, 흰색은 순결함과 청순함, 노랑은 우정과 영원한 사랑을 의미한다.

몽우 조셉킴 2016년 작품 '장미'는 꽃병에 총 일곱 송이의 장미가 피어있다. 일곱의 수는 동서양 모두 좋아하는 수로, 행운·기쁨·축복·장수의 의미로 특히 동양에서는 북두칠성의 의미가 있어 장수·행복·번영을 상징하기도 한다.

10.11 맨드라미

맨드라미는 쌍떡잎식물로 비름과에 속하며 크기는 90cm이며 개화 시기는 7월~8월이다.

맨드라미 꽃말은 열정과 시들지 않는 사랑으로, 맨드라미 꽃은 닭벼슬 모양처럼 생겨서 계관화로 입신양명, 씨앗이 많다고 하여 자식이 번창하고 풍성한 결실의 의미가 있다.

성하림 화백의 2021년 작품 '맨드라미(평안)'는 탁 트인 파란 하늘에 붉은 맨드라미 꽃 세 송이가 활짝 피어 해가 떠오르는 모습으로 이는 하늘·땅·사람이 화목하니 평안하고 빛나는 가족을 의미한다.

원래 붉은 꽃의 그림은 만사형통과 소원 성취의 의미를 담고 있으며, 특히 맨드라미는 예부터 색이 붉어 아침의 기운을 머금었다 하여 어두운 기운을 물리치고 만사형통의 의미가 있어서 집 마당에 심어 수호의 의미를 두었다.

10.12 소나무

소나무는 소나무 목 소나무과에 속하는 상록성 겉씨식물로 대표적인 침엽수이다.
소나무는 동아시아와 러시아 동부 지역에서 자생하는 적송을 말한다.

소나무는 중심 줄기가 휘어져서 구불구불하게 자라므로 각자의 환경에 따라 나무마다 구부러지는 모양이 다르며, 험한 환경일수록 이러한 구부러짐을 더 관찰할 수 있고 그 줄기에서 자연을 이겨내는 나무의 강한 생명력과 역동성을 느낄 수 있다. 따라서 한국의 산지는 대개 토양이 매우 얕고 척박하므로 소나무가 산지를 조성하기에 유리하다.

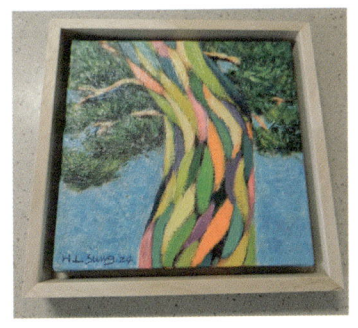

성하림 화백의 2023년·2024년 작품 '소나무'는 하늘과 땅을 이어주며, 기도가 하늘에 닿아 응답을 받는다는 의미가 있다. 여기에 일출하는 해가 등장하는데 이는 우리 삶에 햇살이 비쳐 지면서 매일 새로운 날의 복된 기운으로 힘차게 살아가라는 의미를 담고 있다.

또한 소나무는 장생의 덕이 있고, 나무가 붉어 태양과 황토의 기운으로 안 좋은 기운을 물리치며, 눈이 와도 푸르름으로 변치 않는 선비의 지조를 상징한다. 특히 소나무 중간 부분을 중심으로 그리면서 이는 '하늘과 땅을 이을 만큼 공간이나 시간 따위가 끝이 없다.'라는 것을 표현하였다.

10.13 감나무

감나무는 쌍떡잎식물 감나무목 감나무과의 낙엽 활엽 교목으로, 크기는 높이 6~14m이며 열매로 감은 10월에 주황색으로 익는다.

감의 의미는 자신에게 오는 기회를 붙잡고, 새로운 일감을 맡고, 결실을 거두는 의미가 있어서 우리 조상들은 감 그림을 좋아한다.

성하림 화백의 2021년 작품 '감나무'는 하늘에서 감이 열려 땅을 향하고 있어서 풍요의 복이 있음을 의미한다. 또한 열려 있는 감은 땅에 빛이 비치는 형국으로 주황은 익어가고 영글어가는 색으로 결실·수확·풍년·번영·기다림의 미덕을 상징한다.

그림 속의 감 세 개는 하늘·땅·사람이 화목하게 함께 영글어 익어가는 행복한 세계관을 나타내고 있으며, 감의 색채가 붉어서 가을이 익어가는 결실의 기운을 표현하였다.

10.14 석류

<u>석류 열매는 둥근 모양으로 단단하고 반질반질한 붉은 외피와, 내부의 노르스름한 껍질이 종자(석류알)들을 감싸고 있다.</u>

새콤달콤한 맛이 나고 꽃말은 원숙미이다.

성하림 화백의 2018년 작품 '석류'는 배경이 황금색으로 먹음직한 빨간 석류 하나가 탁자 위 네모난 그릇 안에 놓여 있다. 바탕 상단부의 터치 감으로 하늘이 연상되며, 황금색 바탕은 오행의 토(土) 기운으로 황금·풍요·고귀함·안정을 의미하며, 붉은 석류는 화(火) 기운으로 번영과 만개하는 힘을 의미한다.

네모난 그릇은 땅의 균형과 안정과 현실, 석류 열매는 결실과 풍요, 석류 색이 붉어 아침의 기운으로 어둠을 물리치고 만사형통하며 복이 많고 팔자가 좋음을 의미한다. 그러므로 이 작품은 안정과 풍요와 번영의 마음을 색채로 표현하고 있다.

우리가 살아가는 데는 때로 그림이 필요하다.

삶이 지치고 힘들 때 노래를 듣고 산을 오르고 다양한 취미로 힘든 마음을 위로받으며 살아간다.

평안한 마음 갖기를 원하는 사람은 벽에 걸려 있는 혹은 탁자 위에 있는 엽서 크기의 명화를 보며 거기서 희망과 용기를 찾곤 한다.

우리는 때로 자신이 좋아하는 그림을 멍하니 보고 있노라면 그림을 그린 화가나 그림 속 주인공을 만나면서 자신도 모르는 사이 위로를 받곤 한다.

엽서 크기의 작은 1호 그림이라도 소장해 보면 정말 달라진다. 미술관에서 쓱 지나가며 보는 세계적인 명화보다 내가 좋아하는 그림을 내 책상에 두고 보는 것은 순간순간 위로와 치유를 얻곤 한다.

그림을 통한 이러한 시도를 이제 본격적으로 해보고 싶다.

11장
삶이 꽃이라면 🌸

꽃은 매 순간마다 우리에게 다양한 의미로 다가온다. 꽃이 피고 지는 과정은 삶의 여정과 그 의미를 같이한다.

꽃은 피어나며 자신의 아름다움을 펼쳐 제 몫을 다한 후, 먼 훗날을 기약하듯 탐스러운 열매를 맺고 그 자리를 떠난다. 우리의 삶도 그럴 것이다.

한 송이 꽃이 피고 지는 모든 순간 함께한 시간

한 송이 꽃이 피기까지, 그 꽃이 성숙하기까지 얼마나 많은 시간이 흘렀을까? 꽃봉오리가 피어오를 때 그 안에 숨겨진 모든 시간이 담겨 있었다.

날씨가 변화하고, 땅이 물을 흡수하며, 바람이 부는 모든 순간이 꽃이 피는 과정에 영향을 미친다.

우리의 삶도 그렇게 한 송이 꽃처럼 피고 지며, 우리가 살아온 시간과 우리를 만들어 온 모든 경험들이 담겨 있다.

꽃이 피고 지는 그 모든 순간에 우리가 함께했기에 삶은 값지고 아름다워진다. 그 시간이 소중하고, 그 과정을 기억하는 것이 우리가 살아가는 진정한 이유가 아닐까?

따스한 햇살을 맞으며 꽃을 바라보는 평안한 이 순간

창가에 앉아 따사로운 햇살을 맞으며 꽃을 바라보는 마음은 온몸이 꽃 속으로 스며드는 느낌이다. 이 순간은 마치 시간이 멈춘 듯, 모든 것이 완벽하게 어우러져 평안을 준다.

꽃을 바라보며 멀리서 들려오는 감미로운 음악과 그 멜로디에 실린 위로와 사랑이 나의 마음을 꽃향기처럼 가득 채운다. 이 작은 순간 꽃을 통하여 삶의 진정한 의미를 되새길 수 있다.

삶의 작은 기쁨과 평화로운 순간들이 꽃을 통하여 얼마나 아름답게 피어나는지 나는 인왕산 산책길에서 만난 꽃들을 통하여 수없이 느끼고 있다. 그리고 그 순간들이 모아서 현재의 우리를 지탱하고 있음을 알게 된다.

아름다운 꽃잎도 떨어지듯 우리네 인생도 빈손으로 왔다 빈손으로 간다

아름다운 꽃잎도 시간이 지나면서 땅에 떨어지듯이 우리는 빈손으로 이 세상에 태어나, 결국 빈손으로 떠난다고 한다. 찬란한 우리의 인생도 꽃잎처럼 떨어지겠지만 우리는 오늘도 희망을 안고 살아가고 있다.

활짝 핀 꽃처럼 매일 웃으면서 살 수 있다면, 그 자체로 충분히 의미 있는 삶이 된다. 오늘 하루, 웃을 수 있는 것만으로도 이 세상에서 가장 큰 선물을 받은 것이 아닐까? 우리는 빈손으로 왔다. 빈손으로 가는 것이지만 그동안의 삶을 어떻게 살아가느냐가 중요하다.

대중가요 '웃으면서 살아요' 노래 가사처럼 아무리 힘들고 아픈 순간이 와도, 웃으면서 살아가는 것이 삶의 아름다운 태도일 것이다. 빈손으로 왔다 빈손으로 가지만, 둥글둥글 살아가는 동안에 흘린 눈물과 웃음,

사랑이야말로 우리가 가진 가장 소중한 선물이 될 것이다. 아름다운 꽃이 함께 한다면 더없이 행복할 것이다.

먼 훗날도 인왕산 산책길을 걸으며 만난 꽃들을 바라보며 학생들과 보냈던 즐겁고 행복했던 시간이 오래도록 나의 마음에 멋진 추억으로 간직되길 바란다.

나에게 주어진 수업은 꽃 같은 학생들과 더불어 삶의 아름다움을 나누는 순간이었고, 밝고 초롱초롱한 눈망울에서 피어날 꽃을 보듯 희망을 보았다. 이것이 교사로서 내게 기쁨과 보람이고 위로가 되었다.

계절마다 인왕산에 아름답게 피어나는 꽃과 나무들에서 삶을 배우고, 행복한 미소로 다가오는 학생들의 모습은 교단에서 한 송이 꽃으로 피어났다. 그래서 우리들의 삶의 터전인 인왕산을 아끼고 사랑하며 함께한 인왕가족에게도 고마운 마음이다.

한 철 예쁘게 피고 지는 꽃이 눈과 마음에 기억되듯, 나의 보람이었던 학생들은 마치 인왕산 산책길에서 만난 꽃과 나무들처럼 오래도록 기억될 것이다.

에필로그_ 들꽃

인왕산 아래의 하루가 시작되면 아침 산책길에서 들려오는 새소리가 참으로 정겹고 인왕산 둘레길의 꽃과 나무를 보며 조금 걷다가 나무 아래서 잠깐 쉬어가는 평온한 시간이 참으로 행복합니다.

인왕산과 함께한 오랜 시간, 그리고 앞으로도 함께할 시간이 다시금 소중하게 다가옵니다.

남편과 함께 노랫말을 만들어 종로와 인왕산을 사랑하며 부른 종로사랑 노래를 흥얼거린다. 인왕산 하늘 아래 둥지를 틀고 그 품에 안겨 행복에 취해~ 이 노래를 부르거나 들을 때마다 인왕산 산책길에 만난 꽃과 나무들이 생각납니다.

20년 넘게 인왕산 산책길을 걸으며, 인왕산의 꽃과 나무 등 자연에서 많은 것 배웠습니다. 계절이 바뀌면 꽃이 피고, 나무가 자라고, 잎이 떨어지듯, 교육도 인생도 꽃과 나무처럼 그렇게 흘러가고 있음을 느끼며 희망을 품고 활기차게 살아가고 있는 학생들과 우리들의 모습을 보는 듯합니다.

이제 교단을 떠나는 시점에서 돌아보는 교육자의 삶은 참으로 순간순간 감사하는 마음과 교사로서 긍지와 자부심이 컸던 시간이었습니다.

기나긴 교직 생활의 매 순간이 감동과 감사의 시간이었음에 행복했노라고 다시 한번 감사의 말씀을 전합니다.

들꽃 시로 이 책을 마무리하고자 합니다.

들꽃

박점희

길가에 핀 이름 모를 들꽃을 보았네
피어난 들꽃에서 아름다운 모습을 보았네

묵묵히 자리를 지키는 모습이
어찌나 사랑스러운지
들꽃을 향해 달려가는 나의 마음

꾸밈없는 들꽃이 나는 좋아
함께 하고픈 마음

- 들꽃을 향한 나의 마음 -